Das Kochbuch der verpönten Küche

Wolfram Siebeck

Inhalt

Vorwort von Wolfram Siebeck

Selten sind ein Autor und sein Verlag so nachdrücklich davor gewarnt worden, ein bestimmtes Buch zu veröffentlichen, wie wir. Das Projekt einer Küche der Innereien schien allen Befragten so brisant und ein folgenreicher Volkszorn unvermeidbar. Zumindest, so wurde prophezeit, würden sich überall im Lande unschuldige Leser schon in den Buchläden erbrechen, wenn sie das Buch zum ersten Mal in die Hand nehmen. Bei weiterer Lektüre, mahnten sie, drohe eine Ohnmacht mit traumatischen Folgen sowie jede Menge Schadensersatzklagen. Wenn ich darauf erwiderte: „Wieso sind Leute unschuldig, denen beim Lesen viel versprechender Rezepte schlecht wird?“, wechselte die Gesichtsfarbe der Mahner ins Grünliche. „Von wegen viel versprechende Rezepte“, murmelten sie verstört und ergriffen die Flucht, wenn ich die Seite mit der Beschreibung eines gebratenen Lammhirns aufschlug.

Ich habe dieses Buch geschrieben, weil es ein Kochbuch ist, nach dem ich und sehr viele Amateurköche vergeblich gesucht haben.

Es ist an der Zeit, darüber aufzuklären, dass es vieles gibt, was der moderne Mensch nicht kennt. Nicht kennen will, um es offen zu sagen. Denn Herz und Nieren im Kochtopf gehören zu den Igittereien, vor denen besonders deutsche Esser sich ekeln wie vor dem sprichwörtlichen Haar in der Suppe.

Ich will das Haar hier nicht verharmlosen. Es ist tatsächlich der einzige Teil eines Körpers, der zum Verzehr nicht geeignet ist. Weder das Haar des Hasen noch das der Taube (wo es Feder genannt wird). Aber sonst? Nase? Ohren? Füße? Gedärm? Herz und Nieren? Alles essbar, und alles schmeckt hervorragend, wenn es von jemandem zubereitet wird, der weiß, wie er mit solchen Dingen umgehen muss. Auch der Reiz ihrer ungewohnten Konsistenz, die sehr weich sein kann oder auf eine spezifische Weise glibberig, manchmal sogar zäh, wird Essern auf die Dauer nicht verborgen bleiben, so es denn Esser sind, welche die Bereitschaft mitbringen, unbekannte Dinge nicht automatisch abzulehnen. Deshalb braucht es eine gehörige Portion Neugier und Toleranz.

Die meisten Deutschen lehnen Innereien letztlich nur ab, weil sie nie in ihrem Leben etwas gegessen haben, das auch nur entfernt an Innereien oder andere Igittereien erinnert. Und wenn sie es gegessen haben, dann war es schlecht gekocht. Der eine oder andere Verächter von Schweinsfuß oder Darmwurst mag tatsächlich das Pech gehabt haben, jenseits der Landesgrenzen in einem elenden Gasthaus ungenügend gewaschene und dilettantisch zubereitete Innereien essen zu müssen. Doch das kann ihm auch in Thüringen beim Rebhuhn passieren, und die scheinbar so harmlosen Bratkartoffeln werden landesweit immer wieder in unvorstellbar miserabler Ausführung an den Tisch gebracht – ohne dass sich daraus eine lebenslange Abneigung der Esser entwickelte.

Es liegt also nicht nur an gastronomischen Unfällen, wenn jemand vorgibt, allergisch auf Innereien zu sein. Es sind irrationale Aversionen dabei im Spiel. Sie sind ein verlässlicher Bestandteil unseres Nationalcharakters. Ob es sich um muslimische Einwanderer, um Schwule oder um gefüllten Saumagen handelt, der deutsche Esser weiß, wovor er sich fürchtet.

Weiß er es wirklich?

Er wird von Vorurteilen gesteuert, seine Abneigungen sind ihm anerzogen worden. Deshalb kann er sich kein Urteil erlauben. Ihm bleibt nur, seinen Geschmack zu bilden und „die schlimmen Dinge“ zu probieren, wenn er nicht im Chor der Feinschmecker als zickig und ungebildet gelten will. Er muss lediglich nachkochen, was ihm auf den folgenden Seiten dieses Buches vorgeschlagen wird.

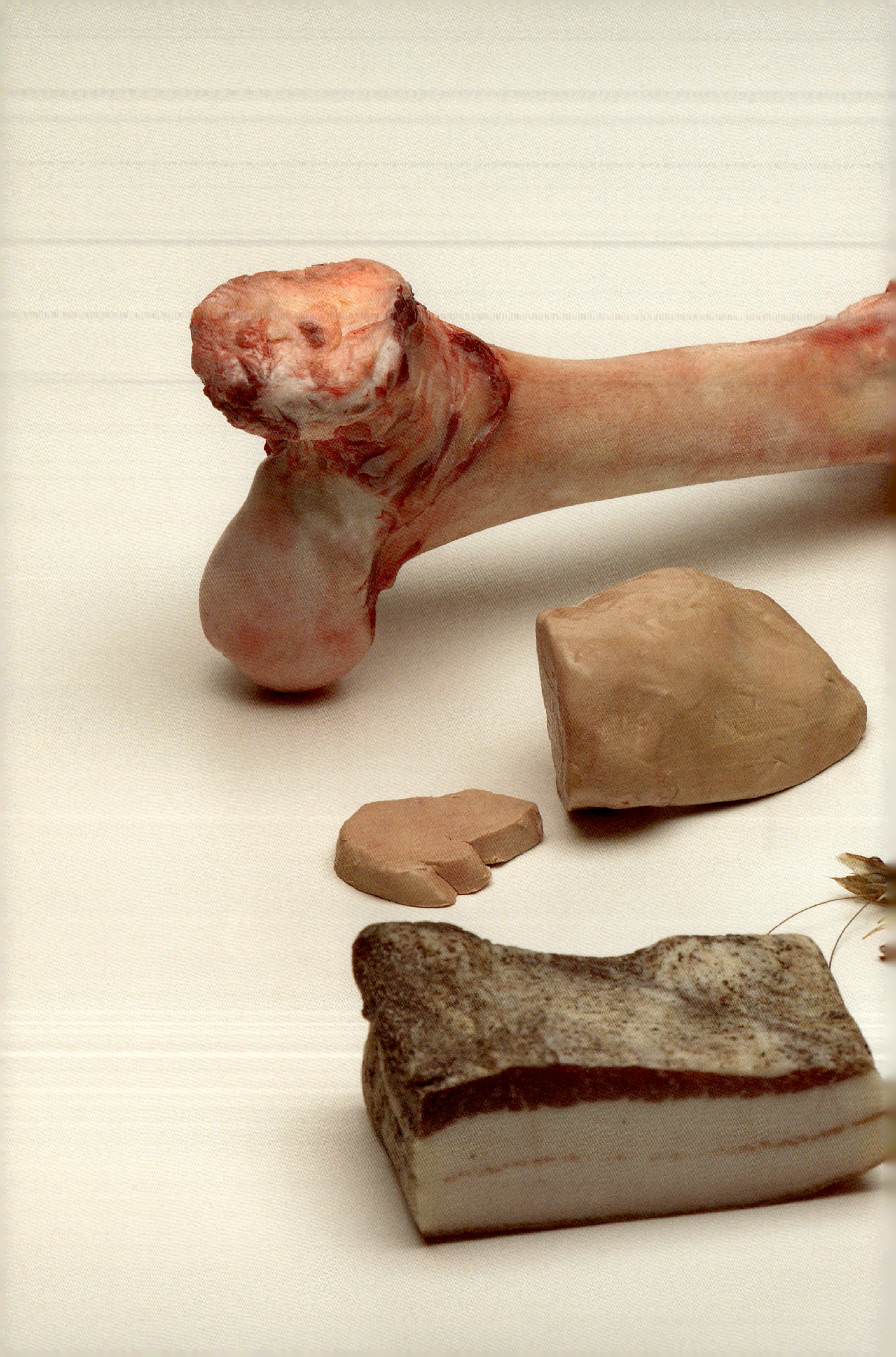

Kalbs- und andere Lebern

Als Einstieg in die Welt der Innereien eignet sich am besten die Kalbsleber. In einigen deutschen Regionen ist sie regelrecht heimisch geworden. Die Leber auf Berliner Art beispielsweise ist keineswegs von preußischen Speisekarten verschwunden; auch die eigensinnigen Schwaben lieben das saure Leberle, welches in traditionellen Gasthäusern an den Schlachttagen seinen Auftritt hat. Zu hoffen ist dabei, dass es sich jeweils um Kalbsleber handelt. Man erkennt sie daran, dass sie heller ist als eine Rinderleber. Letztere ist tiefdunkelrot, während die Farbe der Kalbsleber in helles Braun übergeht. Die Leber vom Rind gehört nicht zu den Innereien, die ich loben möchte. Ich kann sie mir natürlich durchgedreht als Füllung in Klößen und Terrinen vorstellen. Ihr nackter Anblick hat etwas Monströses, Prähistorisches, das ich ebenso ungern in meiner Speisekammer beherberge wie ein Krokodil unter meinem Bett. Auch die Kalbsleber ist ein überraschend großes Organ, was man erkennt, wenn der Metzger es in dünne Scheiben säbelt. Dabei wird deutlich, dass es sich um ein völlig fettloses, weiches und feuchtes Fleisch mit einer glatten Außenseite handelt, das in seinem Inneren von kleinen Löchern perforiert ist. Einige der Löcher haben ein weißes Futter, dabei handelt es sich um Reste von Adern und Sehnen. Solche Stellen schneide ich unbarmherzig heraus, weil ihre Konsistenz im Mund nicht mit dem gleichmäßig glatten Fleisch harmoniert. Überhaupt ist bei glatten Fleischstücken jede Unregelmäßigkeit störend, für die Zunge nicht weniger als für das Auge.

Hat der Metzger meine Leberscheibe von der Außenseite geschnitten, wird diese eine fast durchsichtige Haut aufweisen – einer dünnen Wurstpelle nicht unähnlich –, welche sich leicht abziehen lässt. Dass dies in manchen Haushaltungen und Gaststätten nicht geschieht, kann mit verantwortlich sein für die Abneigung, die der Leber häufig entgegengebracht wird.

Allerdings nicht von allen. Ich erinnere mich an eine Bekannte, die rohe Leberstücke aß. Sie tat das aus gesundheitlichen Gründen, also nicht unbedingt, weil sie sich für den Geschmack von roher Leber begeisterte. „Ich bin doch kein Adler“, sagte sie mit Anspielung auf den armen Prometheus, dessen nachwachsende Leber einem von Zeus gesandten Adler zur täglichen Atzung diente.

Ich habe damals von der rohen Leber probiert und kann versichern, dass diese Art von Diät sich kaum von den rohen Fischstücken unterscheidet, die wir heute nach japanischem Vorbild mit scharf gewürzten Marinaden essen.

Rohe Leberstücke sollten immer gut gekühlt serviert werden, wenn man sie schon roh essen will wie Thunfischwürfel. Und sicherlich gibt es dazu einen passenden Wein, auch wenn mir ein Wodka oder ein Aquavit passender erscheinen.

„Kalbsleber – eignet sich am besten als Einstieg in die Welt der Innereien“

Gebratene Leber auf Berliner Art

Dies ist das Grundrezept (aber nicht das beste) für eine in der Pfanne gebratene Leberscheibe. Sie sollte nicht dicker sein als ein kleiner Finger und nicht größer als die Innenfläche einer Hand. Von anderen Rezepten unterscheidet sich diese Version durch die großzügige Beigabe von Zwiebelscheiben, was ich letztlich für unvereinbar mit der Bekömmlichkeit dieses Gerichts halte. Denn in der kurzen Zeit, die eine Leberscheibe sich in der heißen Pfanne aufhält, werden beigelegte Zwiebelringe nicht einmal halbgar. (Vielleicht herrscht hier ein Missverständnis vor und die Berliner Leber wurde ursprünglich im Ganzen gebraten, was der Beigabe von Zwiebeln nicht nur technisch einen Sinn gäbe, sondern auch kulinarisch.)

Leber (von einem frisch geschlachteten Kalb), Mehl, Butter, Salz,
1 EL gehackte Schalotten, einige Wacholderbeeren,
1 kleine Tasse Kalbs- oder Hühnerfond, 1/2 TL Tomatenmark,
Zitronensaft, Pfeffer
dazu: Kartoffelpüree, geröstete Zwiebelstreifen

Hier also das Basisrezept für alle in der Pfanne gebratenen Leberscheiben: Die Leber sollte vom frisch geschlachteten Kalb sein, also nicht schon eine Woche alt. Dann (aber nur dann) müsste wahrscheinlich die Anweisung in Kraft treten, die man in alten Kochbüchern findet. Dort werden die Lebern einen halben Tag in Milch eingelegt.

Die *Leberscheiben* von höchstens je 100 g werden sehr zaghaft *gemehlt* und in eine Pfanne mit heißer *Butter* gelegt. Heiße Butter bedeutet, dass sie noch nicht braun geworden ist. Überhaupt muss die Temperatur sehr sorgfältig kontrolliert werden. Denn eine Kalbsleber ist so hitzeempfindlich wie ein Fischfilet. Zu heiß und zu lange gebraten wird sie trocken und damit nach kulinarischen Maßstäben ungenießbar. Deshalb werden die Scheiben bereits nach wenigen Minuten gewendet und jetzt zum ersten Mal *gesalzen*. Die zweite Salzdusche bekommt die Leber, wenn sie noch einmal gewendet wird. In dieser Phase verlasse ich den Herd nie; denn jetzt ist jede Sekunde entscheidend. Verbrennt die Butter auch nicht? Wird die Leber nicht schon braun? Das sollte sie nie werden; denn wo sie kross ist, hat die Hitze bereits großen Schaden angerichtet. Es ist dieses nur wenige Minuten dauernde Präzisionskochen, das den Amateurkoch immer aufs Neue reizt, weil dabei seine Erfahrung und sein Geschick entscheidend sind!

Beim ersten Wenden der Leberscheiben habe ich zwischen und unter sie 1 EL vorbereitete, fein gehackte *Schalotten* und einige zerdrückte *Wacholderbeeren* ins Bratfett gestreut. Diese Phase dauert insgesamt höchstens 10 Minuten, dann nehme ich die Scheiben aus der Pfanne und stelle sie warm. Aus dem Bratensatz in der Pfanne montiere ich schnell eine Sauce. Dazu brauche ich 1 kleine Tasse *Kalbs-* oder *Hühnerfond*, 1/2 TL *Tomatenmark* und einige Tropfen *Zitronensaft*. Abschließend rühre ich 1 EL kalte *Butter* ein. Nun kommen die *Leberscheiben* zurück in die Pfanne. Sollte sich unter ihnen in der Zwischenzeit etwas roter Fleischsaft angesammelt haben, registriere ich es mit Befriedigung. Es zeigt mir, dass ich sie nicht totgebraten habe. Alles zusammen verbindet sich in der Pfanne zu einer ziemlich köstlichen Angelegenheit, welche ich noch einmal abschmecke und eventuell mit *Salz* und *Pfeffer* nachwürze. Die klassische Beilage dazu ist *Kartoffelpüree*. Und – das verdankt sie wahrscheinlich ihrer Berliner Herkunft – in einer Extrapfanne *geröstete Zwiebelstreifen*. Ich finde sie nicht notwendig, vor allem besteht die Gefahr, dass sie in der Hektik der letzten Minuten entweder nicht gar oder aber zu braun werden. Stattdessen die beschriebene Beigabe von gehackten Schalotten, welche unter – also zusammen mit – den Scheiben gar werden.

Kalbsleber mit Speck

Selbstverständlich kann man Scheiben der Kalbsleber auch in *Speckfett* braten und ihnen knusperige *Speckstreifen* mit auf den Weg geben. Sie vertragen überhaupt vielerlei Gewürze, was die nachfolgende Zubereitungart beweist, die deshalb zu meiner Lieblingsversion geworden ist.

Zutaten siehe Gebratene Leber auf Berliner Art
außerdem: Speckfett, Speckstreifen

Venezianische Kalbsleber

Hier werden keine Zwiebeln gehackt und wird nichts gemehlt. Dafür kommen *Rosinen* in die Pfanne, welche in *Weißwein* eingeweicht wurden. Und zwar – jetzt beginnt die Verfeinerung, auf die Innereien genauso viel Anspruch haben wie die populären Edelstücke – nehme ich nicht irgendeinen Weißwein, sondern eine Auslese. Ob vom Riesling, Muskateller oder von der Scheurebe, ist nicht wichtig. Der Wein muss nur eine deutliche, wenn auch nicht aufdringliche Süße besitzen. 1 TL helle Rosinen pro Portionsscheibe Kalbsleber mehrere Stunden im Wein quellen lassen.

Bevor ich die *Leberscheiben* in die Pfanne lege, habe ich mich vergewissert, dass sie tatsächlich von allen Adern und Sehnen befreit und gleichmäßig dick sind. Danach geht es weiter wie gehabt: in einer nicht zu heißen *Öl-Butter-Mischung* vorsichtig anbraten. Ich mache auch kein Hehl daraus, dass die von mir allgemein nicht sehr geschätzten Anti-Haft-Pfannen bei Leberscheiben sehr empfehlenswert sind (wie immer, wenn nicht gemehlte Scheiben oder Streifen gebraten werden).

Das Braten geschieht unter den gleichen Vorsichtsmaßnahmen, wie sie bereits beschrieben wurden, 3 Minuten auf jeder Seite, und herausnehmen, bevor die zarten Stücke braun werden. Dass sie schließlich nicht sehr gebraten, sondern eher bleich aussehen, ist beabsichtigt. Das bisschen Hitze, das ihnen zum Garwerden noch fehlt, bekommen sie gleich.

Kalbsleber, helle Rosinen, Weißwein (Auslese), Olivenöl,
Butter, Salz, Pfeffer, Chilischoten aus der Pfeffermühle,
1 Glas Grappa oder Marc, 1 TL Zucker, 1 EL Tomatenpüree,
Rotweinessig, gerebelter Estragon oder Salbei
oder kandierte Ingwerwurzeln
dazu: buttriger Kartoffelbrei oder gebutterte
Kurznudeln (Spätzle, Fusilli)

Grundsätzlich ist hier zu sagen, dass Kalbsleber sich in einer Hinsicht überhaupt nicht vom Rinderfilet unterscheidet: Sie muss rosa gebraten sein; zu langes Braten lässt sie grau und trocken werden. Das passiert leider sehr schnell; man kann es nur korrigieren, indem man noch einmal von vorn anfängt und die missratenen Lebern in den Mülleimer wirft. (Manchmal machen nicht sehr verwöhnte Haustiere diesen Frevel unnötig.)

Während des Bratens wird selbstverständlich gewürzt, das heißt *gesalzen* und *gepfeffert*. Für dieses Rezept nehme ich die speziell mit *Chilischoten* gefüllte Pfeffermühle. Zwei Umdrehungen genügen zumeist. Aber das weiß ohnehin jeder, bei dem diese extrascharfe Pfeffersorte aus der Mühle rieselt.

Danach entzücke ich mich und eventuelle Zuschauer mit einem prächtigen Feuerwerk. Ich gieße 1 großes Glas *Grappa* oder *Marc* über die Leberscheiben und zünde sie an. Die Flammen schlagen zum Himmel, und allen Umstehenden ist klar: Wer so mit dem Feuer umgehen kann, der kann auch kochen! Die Pfanne wird etwas geschüttelt, und dann verlöscht die Feuersbrunst ebenso schnell, wie sie begann. Die Leberscheiben werden auf einen Teller umgesiedelt und warm gestellt.

Das ist die Stunde des Kochkünstlers, oder besser: seine Minute. Denn mehr Zeit wird er nicht brauchen, um diese Basisversion zu komplettieren.

Als Erstes schütte ich die eingeweichten *Rosinen* mit ihrem *Wein* in die Pfanne. Dann streue ich 1 TL *Zucker* darüber, gebe 1 EL *Tomatenpüree* dazu und lasse alles flott einkochen. Sollte das zu schnell gehen und der Pfannenboden aussehen wie mein provenzalischer Garten im August, opfere ich kaltblütig noch mehr süßen *Weißwein* zur Saucenwerdung. Dazu fehlt vielleicht noch ein Spritzer *Rotweinessig* (Balsamico?). 1 EL *Butter* kann auf keinen Fall schaden. Damit dürfte meine Einflussnahme auf dieses Rezept beendet sein. Nur fanatische Hobbyköche arbeiten jetzt noch mit gerebeltem *Estragon* oder *Salbei*, andere streuen kandierte und feingewürfelte *Ingwerwurzel* in die Pfanne. Ich will sie nicht daran hindern, ich war auch einmal jung.

Jedenfalls ist der Zeitpunkt gekommen, an dem die *Leberscheiben* mitsamt dem Fleischsaft, der sich unter ihnen angesammelt hat, zurück in die Pfanne müssen. Nur kurz erhitzen, einen Faden *Olivenöl* darüber gießen und servieren.

Trotz der italienischen Herkunft dieses Rezepts empfehle ich dazu einen buttrigen *Kartoffelbrei*. Allenfalls gebutterte *Kurznudeln* (*Spätzle, Fusilli*); für Reis oder Bratkartoffeln wäre die aromatische Sauce verschwendet. Ein passender Wein ist leicht zu finden. Er kann weiß oder rot sein und sollte sich der deutlichen Süße der Sauce ebenso anpassen können wie dem eher herben Geschmack der Leber. Da stehen kaum mehr als 200 verschiedene Sorten zur Auswahl.

Kalbsleber im Ganzen gebraten

Ehrlich gesagt, habe ich dieses Rezept selber erst einmal ausprobiert. Es gelang mir auf Anhieb so gut, dass ich mich noch heute darüber wundere, handelt es sich doch um jenes Kapitel der Kochkunst, das als „Große Stücke" eher das Mittelalter symbolisiert als unsere derzeitige Diät-Epoche. Lothar Eiermann, der Altmeister deutscher Kochkultur hat unter diesem Titel ein Buch veröffentlicht, das leider bei den Profis, die es angeht, wenig Resonanz fand. Tatsächlich fehlen in unserer Gesellschaft die soziologischen Voraussetzungen für das Braten halber Schweine und ganzer Lämmer. Dazu gehört auch das Braten einer kompletten Kalbsleber.

1 Kalbsleber, (frisch gepflückte oder getrocknete) Lorbeerblätter,
1 Tasse Speckwürfel, Butter, 1 EL fein gehackte Schalotten,
Meersalz, schwarzer Pfeffer, Piment, Bouillon,
Tomatenmark, Curry, Zitronensaft oder Portwein
dazu: Selleriepüree mit Orangenzesten

So eine Leber wiegt gut und gerne 2 kg und reicht wahrscheinlich für zehn Personen. Wer wollte das ausprobieren? Und wer kann behaupten, unter seinen Bekannten zehn Kalbsleberfreunde zu haben?

Also geht es darum, dem Metzger ein Stück für vier bis sechs Personen abzuluchsen, das nicht flach und lang geschnitten ist, sondern den Eindruck einer eher runden, kompakten, vor allem aber intakten Leber macht. Die soll nämlich gespickt werden.

Die Technik des Spickens setzt immer voraus, dass das betreffende Fleisch fettlos ist und lange gebraten werden soll. Bei kurzen Garzeiten jedoch, wie sie in der modernen Küche üblich sind, wird ein Fleisch nicht mehr durchgebraten, sondern innen rosa belassen. Da die kurze Garzeit zwangsläufig von einer niedrigen Temperatur begleitet wird (weil im stark aufgeheizten Ofen Fleisch auch nach kurzer Garzeit austrocknet), hat der Spickspeck gar keine Chance, zu schmelzen und den Braten zu beeinflussen. Also verzichte ich auf das Spicken mit Speck.

Daraus geht hervor, dass in meiner Küche größere Fleischstücke grundsätzlich rosa gebraten werden. (Anders ist es bei manchen

Schmorgerichten. Die schmurgeln oft stundenlang im Ofen vor sich hin, bis sie butterweich geworden sind. Das aber ist bei einem Stück Leber nicht möglich.)

Trotzdem wird gespickt. Es wäre schade, die Gelegenheit nicht wahrzunehmen, wenn ich ein 2 kg schweres Stück *Kalbsleber* vor mir liegen habe. Es wird zunächst enthäutet, dann steche ich mit einem schmalen, spitzen Messer zirka 4 cm tiefe Einstiche ins Fleisch. In die stopfe ich allerdings keinen Speck, sondern zusammengerollte *Lorbeerblätter*! Dass sie frisch gepflückt sein müssen, wird jedem klar, der dies mit getrocknetem Lorbeer versucht. Andererseits geht es auch mit getrockneten, obwohl man die nicht rollen kann. Für sie bringe ich in der Leber breite Einschnitte an und schiebe die Lorbeerblätter dort hinein. In jedem Fall sollte man nicht zu sparsam mit dem Lorbeer umgehen. Das Stück Leber soll hinterher zwar nicht aussehen wie ein Igel, aber wer lediglich drei oder vier Blätter zur Verfügung hat, lässt es besser gleich bleiben.

Die dermaßen präparierte *Leber* wird nun in einem feuerfesten Topf in ausgelassenem Räucherspeck vorsichtig angebraten. Dafür benötige ich 1 Tasse *Speckwürfel* und zusätzlich 1 gehäuften EL *Butter*. Liegt die Leber im Fett, streue ich noch 1 EL fein gehackte *Schalotten* darüber und würze mit *Meersalz*, *schwarzem Pfeffer* und *Piment*. Dieses Gewürztrio (insgesamt 2 EL) wird zuerst im Mörser zerkleinert, bevor ich es über das Stück im Topf streue. Den stelle ich nun fest zugedeckt in den auf 200 Grad vorgeheizten Ofen. Nach einer Viertelstunde reduziere ich die Hitze, nehme den Deckel ab, begieße das Stück mit seinem Bratfett und schütte so viel heiße *Bouillon* dazu, dass die Leber zu einem Drittel in der Flüssigkeit liegt. Sofort abschmecken und überlegen, was diesem Schmorsaft noch fehlt. Das ist der Moment der Wahrheit. Fehlendes Salz erkenne ich sofort. Aber wie wäre es mit etwas *Tomatenmark*? Oder eine kräftige Prise *Curry*? Etwas *Zitronensaft* oder *Portwein*? Genügt es vielleicht, eine Scheibe *Butter* auf die Leber zu legen? Hier ist mein Rhodos, hier muss ich springen. Der Schmortopf kommt noch einmal in den Ofen; eventuell ohne Deckel. Dies und die verbleibende Garzeit hängen von der Menge der Flüssigkeit im Topf und der Größe der Leber ab. Wer es bis hierhin geschafft hat, wird auch für die restliche Zubereitung die richtige Entscheidung treffen. Der Schock kommt sowieso erst, wenn die gare Leber auf der Tranchierplatte liegt und angeschnitten wird. Ist sie innen schön rosa, ohne dass sich ein blutiger Sturzbach auf die Platte ergießt, habe ich gewonnen. Ist sie noch zu roh, lässt sich das beheben, indem ich sie wieder

in den Schmortopf und diesen in den Ofen verfrachte. Nur durchgebraten darf sie nicht sein, das lässt sich nicht korrigieren, das wäre der größte anzunehmende Unfall: irreparabel! Ist aber alles gut gegangen, steht mir und meinen Gästen ein größtmöglicher Genuss bevor. Als Beilage gibt es *Selleriepüree*, unter das ich gehackte *Orangenzesten* gerührt habe. Und dazu trinken wir einen großen Burgunder oder einen Syrah aus dem Rhonetal.

Schweineleber

Mit der Schweineleber geht es mir wie mit der Rinderleber. Solange es genügend Leber vom Kalb gibt, brauche ich sie nicht. Dabei ist sie für eine deftige Leberterrine unerlässlich.

Die wiederum ist eine richtige Herausforderung für einen Amateurkoch. Einmal, weil sie ihm unzählige Möglichkeiten gibt, sie zu versauen, indem sie zu lange und zu heiß im Ofen gart, oder weil er sich bei den Gewürzen vergriffen hat. Wobei ich nicht sagen könnte, was schlimmer ist: eine fade, geschmacklose Terrine oder eine, die versalzen oder verpfeffert ist. Darüber hinaus ist ihre Herstellung nicht sehr schwierig, und wenn sie gut gelingt, ist sie für jeden Koch ein Grund zu stolzer Freude.

500 g Schweineleber, 100 g geräucherter, durchwachsener Bauchspeck,
3 große Schalotten, 3 Knoblauchzehen, Olivenöl,
1 EL zerdrückte Wacholderbeeren, 1 TL Zucker, Armagnac,
1/4 l Scheurebe Spätlese (oder anderer Süßwein), 2 TL Tomatenmark,
2 EL geriebene Orangenschale, 300 g salzige Butter, Sahne,
Salz, schwarzer Pfeffer, mehrere Scheiben fetter Speck

Dazu benötige ich 500 g *Schweinelebern*, 100 g geräucherten, durchwachsenen *Bauchspeck*, 3 große *Schalotten*, 3 *Knoblauchzehen*, alle grob gewürfelt. In *Olivenöl* anbraten, dabei ständig schütteln. Farbe annehmen lassen. 1 EL zerdrückte *Wacholderbeeren*, 1 TL *Zucker* dazugeben und mit *Armagnac* flambieren.

1/4 l Liter *Scheurebe Spätlese* zugießen. Es kann auch ein anderer Süßwein mit geringer Säure sein. Zusammen mit 2 TL *Tomatenmark* und 2 EL geriebener *Orangenschale* in die halbgare Masse einarbeiten. Alles zusammen mit 300 g *salziger Butter* und 1 Senfglas *Sahne* in der Küchenmaschine eher grob als fein pürieren.

Die Masse mit *Salz* und *schwarzem Pfeffer* abschmecken, einen kleinen Kloß formen und zur Geschmacksprobe in der Pfanne braten.

Fällt die Probe zufrieden stellend aus, bin ich erleichtert. Andernfalls muss ich in die Trickkiste greifen und mit allen legalen und fragwürdigen Zutaten versuchen, die künftige Leberterrine dem Fleischklopsmilieu zu entreißen.

Abschließend wird eine passende Terrinenform mit Scheiben fetten *Specks* ausgelegt, die Farce eingelegt, mit einer Speckscheibe abgedeckt und im Ofen im Wasserbad bei 180 Grad ca. 50 Minuten gegart. Mit einer Stricknadel prüfe ich, ob die Terrine gar ist. Dann abkühlen, über Nacht durchziehen lassen und die Wahl des passenden Weißweins treffen. Es kann auch ein Beaujolais sein!

Die Leber vom Lamm

Sie ist dunkel wie eine Rinderleber und besitzt eine sympathische Größe, nämlich eine für zwei Esser geeignete. Außerdem enthält sie so gut wie keine Adern oder Sehnen. Nur ihre Form ist etwas unhandlich, weil nicht gleichmäßig dick. Theoretisch ist sie die ideale Leber für zwei Personen, von denen eine sie gern halbroh isst, während die andere sich nicht an durchgebratenen Stellen stört. Ich brate sie in einem kleinen, passenden gusseisernen Schmortopf nach dem gleichen Prinzip wie die im Ganzen zubereitete Kalbsleber. Also fein gehackte *Schalotten* in heißem Fett angehen lassen und darauf die *Lammleber* legen. Vorher habe ich sie mit zermörserten *Pfeffer*- und *Pimentkörnern* eingerieben. Einige Minuten Farbe annehmen lassen und dann wenden. Nun auf die Oberfläche der Leber 2 Zweige frischen *Rosmarin* legen und vorsichtig *salzen*. Zugedeckt bei niedriger Hitze fertig garen.

1 Lammleber, Schalotten, Pfefferkörner, Pimentkörner,
2 Zweige frischer Rosmarin, Salz, klein gewürfelter Kochschinken
oder Pilze (Pfifferlinge oder Champignons)
dazu: getoastetes Mischbrot

Dabei spielt die unterschiedliche Dicke der Leber eine lästige Rolle. Es ist unvermeidlich, dass an ihrer dünnsten Stelle die Leber schnell und gründlich durchbrät, was nicht meinem Ideal einer perfekten Leber entspricht. Also versuche ich, das Stück Fleisch im Topf so zu platzieren, dass es mit der dicken Seite auf dem Topfboden liegt. Deren Garzustand beurteile ich wie bei allen Fleischteilen, die innen noch rosa und saftig bleiben sollen, mit der Druckprobe durch meinen Finger.

Eine Lammleber wird nicht im Handumdrehen gar. Das gibt mir die Zeit, ihr in den letzten Minuten einige Extras zu verpassen, mit denen ich sie herausputzen kann (was keineswegs notwendig ist). Da bietet sich zunächst sehr klein gewürfelter *Kochschinken* an: einfach dazuschütten. Mehr als heiß werden müssen die Stückchen ja nicht. Oder aber gebratene *Pilze*. Das können *Pfifferlinge* sein oder *Champignons*. Diese werden extra gebraten und gewürzt, bevor ich sie zur Leber in den Schmortopf gebe.

Durch solche und andere Zutaten (die nicht einmal ähnlich sein müssen, weil dies einer der gesegneten Momente ist, an dem der Hobbykoch sich als Experimentator beweisen kann) beeinflusse ich verständlicherweise die endgültige Aromatisierung. Darauf muss ich mich einstellen und entsprechende Gewürze verwenden.

In einem anspruchsvollen Menü wäre eine Lammleber nur ein Zwischengericht. Deshalb verbieten sich hier die üblichen Sattmacher wie Kartoffeln und Reis. Stattdessen empfehle ich eine große, getoastete Scheibe *Mischbrot* als Unterlage.

„Lammleber – garantiert fettfrei“

Kaninchenleber

Anders verhält es sich mit der Leber des Kaninchens. Da ich häufig ein Kaninchen im Topf habe, gibt es bei mir nicht weniger oft als Vorspeise Spaghettini mit gebratener *Kaninchenleber*. Auch die Leber eines Kaninchens ist relativ groß – wie eine Kinderhand. Sie ist allerdings nicht dick und besteht auch nicht aus einem Stück, sondern aus drei dicken, zusammenhängenden Lappen. Die werden zunächst getrennt. Alle Sehnen und Adern, mit denen sie zusammengehalten wurden, entferne ich großzügig. Ich will ja auch hier reine, fettlose Leberstücke verarbeiten. Dazu werden sie gewürfelt und 2 bis 4 Stunden in *Rotweinessig* mariniert, dem ich 1 TL *Zitronenzesten* beigegeben habe.

1 Kaninchenleber, Rotweinessig,
1 TL Zitronenzesten, Spaghettini, Salz, Mehl, Olivenöl,
schwarzer Pfeffer, gesalzene Butter

Wenn die *Spaghettini* bereits kochen, nehme ich die *Leberwürfel* aus der Marinade, *salze* sie kräftig und *mehle* sie behutsam. Nun erhitze ich so viel *Olivenöl* in einer tiefen Pfanne, dass ich die Leberwürfel darin frittieren kann. Das geschieht in weniger als 5 Minuten. Währenddessen liegen die dünnen Nudeln bereits zum Abtropfen in einem Sieb. Ich schneide einen Leberwürfel an und kontrolliere so den Garzustand. Ist die Schnittfläche rosa und saftig, nehme ich die Würfel aus dem Öl und entfette sie auf Küchenkrepp. Nun bekommen sie einen kräftigen Schauer von frisch gemörsertem, schwarzem *Pfeffer* aufs Haupt und werden mit den *Spaghettini* vermischt. Damit das Ganze nicht so trocken wirkt, gebe ich auf jede Portion eine Scheibe *gesalzene Butter*. Keine Sauce oder sonst etwas Extravagantes, ist ja nur eine kleine Vorspeise. Aber köstlich, wenn man dazu eine Flasche Sangiovese trinkt!

„Kaninchenleber – vom Salat in den Salat“

Hühnerleber im Salat Vigneron

In einen Salat Vigneron gehören gebratene *Speckstücke* und *Löwenzahn* sowie eine kräftige *Vinaigrette*. Außer dem bleichen Löwenzahn sind meistens noch grüne Blätter verschiedener *Salatsorten* dabei. Gebratene *Hühnerleber* fügen nur die Köche in Burgund hinzu. Das liegt wohl an der zu Burgund gehörenden Region La Bresse, die für ihre Hühner weltberühmt ist.

Hühnerleber (1 pro Portion), gebratene Speckstücke,
Löwenzahn, grüne Blätter verschiedener Salatsorten,
kräftige Vinaigrette, Salz, Pfeffer, Essig

Bei der Hühnerleber hat man im Grunde das gleiche Problem wie bei der Kaninchenleber. Sie ist kein kompaktes Stück, sondern besteht aus lose aneinanderhängenden Leberlappen. Deshalb widmet sich auch hier der erste Teil des Rezepts dem Säubern der Leber. Also die *Leberstücke* vom Geschlunz abtrennen und nach einer grünen Stelle suchen. Die ist nicht immer vorhanden, aber wo sie die hellbraune Leber eingefärbt hat, muss man das Messer ansetzen. Denn da ist der Leber die bittere Galle zu nahe gekommen; die Schadstelle muss gereinigt werden.

Hühner dürfen in Deutschland nur verkauft werden, wenn sie bereits ausgenommen sind. Das hat zur Folge, dass sie innen völlig leer sind. Ihre Lebern kann man dann in Feinkostgeschäften grammweise kaufen. Pro Portion im Salat genügt eine Leber. Die besten sind groß und gelbbraun wie gewisse Lippenstiftfarben, die von sonnengebräunten Damen gerne aufgetragen werden.

Beim Braten von Hühnerlebern setze ich stets eine Brille auf, seit eine befreundete Köchin ins Krankenhaus musste, weil ihr ein heißes Stückchen Leber ins Auge geflogen war. Denn Hühnerlebern explodieren geradezu in der Pfanne. Also Vorsicht beim Braten!

Ansonsten machen sie keinerlei Schwierigkeiten. Sie werden erst *gesalzen* und *gepfeffert*, wenn sie gar sind. Dazu brauchen sie nicht lange, wenn sie innen noch rosig sein sollen; bei ihrem geringen Volumen geht das schnell. Es ist ratsam, den Bratensaft mit gutem *Essig* abzulöschen und die *Vinaigrette* für den Salat darin anzurichten. Das unterstreicht den rustikalen Charakter des Salats.

Geflügellebermousse

Ganz und gar nicht rustikal ist eine andere Vorspeise, die ausschließlich aus Geflügellebern besteht. Aber nicht nur aus den Lebern von Hühnern, sondern auch aus solchen von der Ente oder der Gans, welche besser, aber schwieriger zu finden sind. 300 g sollten es für vier Personen schon sein.

(für 4 Personen)
300 g Geflügelleber (Huhn, Ente, Gans), Butter, 1 EL Portwein,
1 EL Cognac, 200 g Crème double, Salz, weißer Pfeffer
dazu: gebutterter Toast oder Salat (Portulak, Nissel oder Kenia-Bohnen)
oder in Butter gedünsteter Tomatenkonkassee

Doch egal von welchem Vogel – sie müssen alle erst einmal gründlich gesäubert werden. Dann werden sie wie beschrieben angebraten, aber noch vorsichtiger; denn das Endprodukt ist eine Mousse, und die verträgt nun mal keine trockenen oder gar festen Bestandteile. Also die *Lebern* nur kurz in *Butter* angehen lassen. Dann in den Mixer legen. Den Bratensatz in der Pfanne mit je 1 EL *Portwein* und *Cognac* ablöschen. Zu den Lebern im Mixer gießen und 200 g *Crème double* dazugeben. Alles zusammen pürieren. Es wird sich herausstellen, dass sich längst nicht alle Sehnen aufgelöst haben. Deshalb muss das Leberpüree noch durch ein Sieb gestrichen werden. Dazu eignet sich ein flaches Bäckersieb besser als die halbkugeligen Haushaltsiebe. Jetzt wird die Masse mit *Salz* und *weißem Pfeffer* abgeschmeckt und in eine Porzellanschüssel gefüllt, welche ich einige Stunden in den Kühlschrank stelle, damit die Mousse steif wird.

Man kann diese delikate Vorspeise (die mit einem Löffel aus der Schüssel gestochen wird) entweder zu *gebuttertem Toast* essen oder mit *Salat* umkränzen wie *Portulak*, *Nissel* oder angemachten, gekochten und noch warm servierten *Kenia-Bohnen*. Herzhafter – und wärmer – wird die Mousse erscheinen, wenn ich sie zusammen mit in *Butter* gedünstetem *Tomatenkonkassee* serviere. In jedem Fall ist diese Vorspeise ein Bestandteil der feinen Küche.

Gänseleberterrine (Foie gras)

Hinter diesem harmlosen Wort verbirgt sich eine der größten Köstlichkeiten, welche die feine Küche hervorgebracht hat und die von Asketen mehr bekämpft wird als alles andere.

Die Leber der Gans ist, wenn die Gans in Frankreich gemästet, das heißt zwangsernährt wurde wie manche Gefängnisinsassen in den USA, unnatürlich vergrößert. Sie besteht dann fast nur aus Fett. Deshalb reicht eine Fettleber für etwa acht Personen, ist aber nicht gerade das, was einem der Arzt als Diät verschreibt. Sie ist auch keine Speise, die von allen Zeitgenossen gleichmütig zur Kenntnis genommen wird, wie das mit Käfighühnern geschieht oder mit Schweinen, die in Mastanstalten viel mehr leiden müssen als Gänse, welche die meiste Zeit ihres Lebens auf den Wiesen des Departements Gers herumlaufen, wovon Schweine nicht einmal träumen können, weil sie nicht wissen, was eine Wiese ist.

Dennoch gilt das Stopfen von Gänsen als Paradebeispiel für Tierquälerei. Doch das hat schon die Römer nicht gekümmert, die das Gänsestopfen erfunden haben sollen, und es kümmert auch keinen Franzosen. Denn Gänseleber ist die französische Nationalspeise, die zu Weihnachten auf keiner Tafel fehlt. Und zwar wird sie überwiegend als kalte Terrine gegessen, also als Vorspeise wie der geräucherte Lachs, der in Frankreich ebenfalls zum Weihnachtsmenü gehört.

Aus der gehobenen Gastronomie ist die Stopfleber jedenfalls nicht wegzudenken. Für den Privathaushalt empfehle ich den nahe liegenden Gebrauch dieses Produktes allerdings nicht: Das Braten in der Pfanne setzt bei der Gänseleber einige Übung voraus. Entweder zerläuft sie auf unappetitliche Weise oder verbrennt, was ebenfalls eine Katastrophe ist. Außerdem gibt es nichts, was so viel Fett enthält wie eine gebratene Foie gras. In der gebratenen Form ist sie eine fast bäuerliche Speise, nämlich sehr sättigend und nicht gerade magenschonend. Im Restaurant wird sie immer mit einer süßen Essigreduktion oder mit eingelegten Früchten serviert.

Deshalb plädiere ich für die Terrine. Ist auch kein Kinderspiel, aber nicht so riskant. Gefahr droht einer Gänseleberterrine durch zu langes und zu heißes Pochieren, wodurch sie trocken wird. Man sollte meinen, ein derart fettes Stück Fleisch trocken zu kochen sei ein Kunststück. Leider geht das ganz einfach.

Abgesehen von den Regionen, in denen Gänse gemästet werden, sind ihre Terrinen heute nur noch selten hausgemacht. Wenn doch, gibt es sie auf Bauernmärkten, abgefüllt in Gläsern, und in Blöcken von verschiedenen Herstellern. In rohem Zustand werden Gänsestopflebern in Frankreich beim Charcutier oder auf Märkten der jeweiligen Region verkauft. Bei uns in Deutschland ist vor allem die Straßburger Gänseleberterrine bekannt, weil sie gleich jenseits des Rheins in kleinen und größeren Manufakturen hergestellt wird.

Bei der Herstellung von Terrinen gibt es mehrere Stilrichtungen. Vor allem wird zwischen bien cuit oder mi-cuit unterschieden. Erstere ist die traditionelle Methode, bei der die bearbeitete Leber so lange pochiert wird, bis sie vollständig durchgegart ist. Sie reagiert darauf wie alle Fleischterrinen, wird trocken und ein wenig griesig. Meistens sind diese Terrinen auch kräftiger gewürzt (vor allem mit Alkohol) als jene, die als halbgar bezeichnet werden. Diese haben eine rosa Farbe, sind feuchter als die durchgegarte Sorte und weniger gewürzt. Dafür werden sie auf dem Teller mit Salz und Pfeffer bestreut.

Was viele nicht zu wissen scheinen: Eine Gänseleberterrine ist keine Leberwurst. Man schmiert sie sich also nicht aufs Brot, sondern isst sie pur. Ein Stück Brot (Toast oder Brioche) gleichzeitig im Mund zu haben, ist wie ein Schluck Wein mit Wasser. Auf einem Weingut im Sauternes wurde mir vor Jahren von der Hausfrau (Madame Meslier) eine Foie gras vorgesetzt, wie sie für diese Region, in der Frankreichs große Süßweine produziert werden, üblich war. (Ob das Rezept dort heute noch verwendet wird, weiß ich nicht.) Die Leber war vor der Bearbeitung in süßem Weißwein (Château Raymond-Lafon) eingelegt worden, worauf sie zusammen mit Rosinen vermengt wurde. Das hört sich an wie ein Rezept für einen englischen Kuchen und war überaus köstlich. In meiner Erinnerung die beste Gänseleberterrine, die ich je gegessen habe. Aber auch die im Elsass ohne Rosinen hergestellte Version, bei der bestenfalls mal ein Gewürztraminer zur Marinade verwendet wird, ist eine Delikatesse. Jeder ehrgeizige Koch hat sein eigenes Rezept, in dem Cognac vorkommen kann, eine bestimmte Pfeffersorte oder ein ungewöhnliches Gewürz. Entscheidend aber ist jeweils die Dauer des Pochierens und die dafür eingesetzte Hitze. Weil ich sie in jedem besseren Restaurant essen kann, wenn mir danach zumute ist, habe ich nur wenige Terrinen selbst gemacht. Das Selbermachen birgt für den Laien nicht nur das Risiko des Misslingens, was bei dem teuren Rohmaterial eine kleine Katastrophe wäre, es lässt sich aus einer rohen Leber auch keine Zwei-Personen-Portion herstellen. An dem Ergebnis kann sich ein Dutzend Esser delektieren.

Herstellung einer Gänseleberterrine

Nicht wenige der großen Köche bevorzugen eine Entenstopfleber anstelle einer Gänseleber. Das ist letztlich Geschmackssache, die Herstellung ist dieselbe. Und zwar verarbeitet man immer eine komplette Stopfleber. Es existiert noch eine dritte Sorte, die Turboleber. Die stammt immer aus Großbetrieben, meistens aus Ungarn, Israel und Spanien, und wurde im Eilverfahren gemästet, was ihre Qualität beeinträchtigt und die Quälerei der gemästeten Vögel unnötig vergrößert.

Deshalb ist beim Einkauf stets auf die Herkunft des Produktes zu achten. Laien sollten sich Rat bei einem erfahrenen Küchenchef holen. Gänsestopflebern sind zwar immer sehr teuer, aber auch von unterschiedlicher Qualität. Ich brauche also einen vertrauenswürdigen Lieferanten.

(für 8 Personen)
1 Gänsestopfleber (ca. 600 g), Süßwein (Sauternes oder Beerenauslese vom Riesling bzw. Scheurebe oder Rieslaner Auslese), helle Rosinen, Cognac, Salz, weißer Pfeffer, Gänseschmalz oder Entenfett
dazu: Brioche

Eine frische *Gänsestopfleber* wiegt ungefähr 600 g und sieht aus wie ein Klumpen Fensterkitt. Sie reicht für acht Personen und muss zunächst gesäubert werden. Der erste Arbeitsgang ist der delikateste. Dabei geht es darum, die Fettleber äußerst sorgfältig zu säubern. Dazu braucht man ein sehr spitzes Messer und – worauf viele Köche bestehen – sterile Stoffhandschuhe. Diese schützen die empfindliche Leber nicht nur vor Verunreinigung, sondern auch vor der Wärme der Hand, welche einer Fettleber nicht gut bekommt.

Das Abziehen der dünnen Haut und das Herausfieseln aller Sehnen, Nerven und Adern ist eine mühsame Arbeit, was man daran erkennt, dass sogar in der feinen Gastronomie schlecht parierte Terrinen serviert werden. Beim Säubern werden die Lebern nämlich leicht zerstört, und eine Gänseleberterrine sieht einfach besser aus, wenn sie aus einem möglichst großen Stück besteht und nicht aus vielen kleinen.

Mit dem Messer zerteilt man die Leber dort, wo die Lappen sichtbar sind: man bricht sie auseinander. Sodann werden alle Adern und Sehnen und fadenähnlichen Unschönheiten herausgezupft und -geschnitten. Verfolgt man die feinen Adern weiter ins Innere der Leber, hat man sie bald in mehrere Teile zerlegt. Das ist ein Schönheitsfehler, aber keine Katastrophe. Anschließend wird die Leber mariniert. Das ist der Beginn der kreativen Phase.

Denn worin sie mariniert wird, ist allein die Entscheidung des Kochs. Meistens wird Portwein verwendet, auch einige Tropfen Cognac sind oft dabei. Ich bevorzuge die südwestfranzösische Variante: *Sauternes* und *Rosinen*. Letztere sollten zu der hellen Sorte gehören; sie werden in *Sauternes* eingeweicht. Aber auch etwas *Cognac* kommt in meine Terrine, und zwar beträufele ich jetzt die *Leberstücke* damit, bevor ich sie mit einem Süßwein begieße. Es muss nicht unbedingt ein Sauternes sein; eine Beerenauslese vom Riesling oder von der Scheurebe sind ebenso willkommen wie eine Rieslaner Auslese. 12 bis 24 Stunden im Kühlschrank brauchen Wein und Leber, um sich anzufreunden. Dann wird sie trocken getupft und in eine passende Terrinenform gepresst.

Dazu benutze ich die Rückseite eines Suppenlöffels. Zwischen die einzelnen Leberteile streue ich die *Rosinen*, aber auch *Salz* und *weißen Pfeffer*. Viele Köche nutzen diese Phase, um einen persönlichen Stil zu beweisen und greifen zu zusätzlichen Gewürzen, die man eventuell herausschmecken kann, deren Art sie aber nicht verraten. Die Masse sollte jedenfalls so gründlich zusammengepresst sein, dass sich keine Hohlräume bilden. Natürlich lässt sich die Frage nach der Menge von Salz und Pfeffer nicht beantworten. Das ist Gefühls- beziehungsweise Glückssache. Obenauf sollte noch soviel Platz sein, dass ich dort flüssiges *Gänseschmalz* oder *Entenfett* zur Abdichtung anbringen kann.

Nun kommt die Form in ein Wasserbad, das nicht heißer als 40 Grad sein darf. Ich rechne mit 35 Minuten im 100 Grad heißen Ofen, danach sollte die Terrine mi-cuit sein, das heißt, innen weniger gar als außen. Damit sie in der heißen Form nicht noch weiter gart, stelle ich diese in kaltes Wasser. Danach kommt sie für 24 Stunden in den Kühlschrank. Erfahrungsgemäß genügt eine Scheibe pro Person als Vorspeise. Deshalb reicht so eine Terrine de Foie gras eine Woche. Dazu esse ich eine Scheibe *Brioche* und trinke den gleichen Wein, den ich zum Marinieren angebrochen habe.

„Foie gras – eine der größten Köstlichkeiten“

Der Kalbskopf

Dieser Bürgerschreck ist pure Bistrokost. Dass er seinen Weg auch in die Küchen der Großmeister gefunden hat, spricht dafür, dass ich nicht der Einzige bin, der ihn für eine Delikatesse hält.

Seine Zubereitung ist narrensicher, weil der Metzger den schwierigsten Teil übernimmt. Jedenfalls der französische Metzger. (In Deutschland habe ich bisher noch nicht gewagt, nach Kalbskopf zu fragen. Wäre sehr frustrierend.)

Kalbskopf (150 g pro Person),
2 Gläser Weißwein, Salz, Pfeffer, Knoblauch, Schalotten, Thymian,
Lorbeerblätter, Nelken, Karotten, Sellerie
dazu: mehlige Kartoffeln
für die Sauce: 3 hart gekochte Eier, 1 TL Senf (scharf),
Olivenöl, Limettensaft, 3 kleine Cornichons (Gewürzgurken),
Salz, 1 EL Kapern

Was ein guter Metzger als Kalbskopf verkauft, ist nichts anderes als ein Rollbraten, ein verschnürtes, längliches Paket aus dickem, weißem Fleisch. Nein, Fleisch ist das nicht, es ist die Kalbsbacke, welche der Metzger vorher rasiert, gewaschen und ausgelöst hat. Und eine Backe ist weder Fleisch noch Fett, sondern etwas dazwischen, zart und weich, wenn ich es lange genug gekocht habe, und ein bisschen klebrig. Und weil ein Rollbraten erst richtig attraktiv ist, wenn darin etwas eingerollt ist, hat der Metzger die Kalbsbacke mit Streifen von der Kalbszunge gefüllt oder jene Teile des Kopfes eingerollt, die nicht weiß, sondern fleischig sind. Von dieser strammen, zusammengeschnürten Weißwurst lasse ich mir ein Stück abschneiden. 150 g pro Portion genügen, da kein Abfall dran ist.

Der *Kalbskopf* in meiner Küche ist immer noch, was er beim Metzger war: ein stramm zusammengebundenes Stück. Ich lege es in einen kleinen Schmortopf – vorzugsweise aus Gusseisen – und würze es, bevor ich es mit 2 großen Gläsern *Weißwein* begieße und dann mit kaltem Wasser so weit auffülle, dass der Rollbraten bedeckt ist. Natürlich wird hier nichts gebraten; ein Kalbskopf ist gekochtes Fleisch. Lange gekochtes Fleisch, muss ich hinzufügen. Denn 2 bis 3 Stunden dauert es, manchmal auch länger, bis es wirklich weich ist. Dabei muss es zugedeckt kochen, aber so, dass der Dampf entweichen kann. Das bedeutet: von Zeit zu Zeit Flüssigkeit nachgießen.

Vorher aber wurde der *Kalbskopf* gewürzt, und das ist eine abenteuerliche Angelegenheit. Denn die daumendicke, weiße Backe weigert sich, irgendein Gewürz aufzunehmen. Also heißt es, die Brühe zu *versalzen* und zu *überpfeffern*. Sie wird zusätzlich mit *Knoblauch* geimpft und mit *Schalotten* belastet sowie mit *Thymian*, *Lorbeerblättern* und *Nelken* zugedröhnt. Selbstverständlich bekommt sie auch die obligate *Karotte*, *Sellerie*, und was es sonst an aromatischem Grünzeug gibt, mit auf den Weg. Ich vermute, dass man auch einen kompletten Grabkranz in die Brühe legen könnte, ohne merkliche Wirkung auf die Backen. Aber die Brühe, o lala, die hat es in sich! Sie ist theoretisch ungenießbar, aber es wäre schade, sie nicht noch für ein anderes Gericht zu verbrauchen, wo sie ihre Power ausspielen darf oder aber mit Sahne gemildert werden kann. Hier sind die Hobbyköche gefragt!

Nehmen wir an, der Kalbskopf ist zart und weich geworden. Ich hebe ihn aus dem Topf und schneide ihn in Scheiben wie einen normalen Rollbraten. Dazu passen endlich einmal mehlige *Kartoffeln*. Dieses Wunder verdanke ich der Sauce. Sie ist die klassische Kalbskopfsauce und heißt nach ihren Erfinder Gribich: Sauce Gribiche.

Die Zutaten sind 3 hart gekochte *Eier*, 1 TL *Senf* (scharf), *Olivenöl*, *Limettensaft*, 3 kleine *Cornichons* (*Gewürzgurken*), *Salz* und 1 EL *Kapern*.

Eigelb und *Eiweiß* trennen, das Weiße klein hacken und beiseite legen, die *Eigelb* mit einer Gabel zerdrücken. Die *Gürkchen* in winzige Würfel hacken, eventuell auch die *Kapern*, wenn es sich um dicke Exemplare handelt; die kleinen sind stets vorzuziehen.

Den *Senf* mit dem *Eigelb* vermischen und mit einem Holzlöffel zu einer homogenen Paste verrühren. *Limettensaft* und *Olivenöl* dazugeben, dabei abschmecken und *salzen*, so dass eine dickliche Mayonnaise entsteht. Das ist einfacher, wenn man dazu einen Elektroquirl benutzt. Zum Schluss die *Kapern* und das gehackte *Eiweiß* unterziehen – fertig.

Statt Saft von grünen Limetten kann man auch den von gelben Zitronen nehmen, notfalls auch Essig.

Vernünftigerweise werden Kalbskopf und diese Sauce immer ohne Gemüse serviert. Man kann das ausgleichen, indem man nur kleine Portionen kocht und sie als Zwischengericht einsetzt.

„Kalbskopf – der schwere Kopf als Rollbraten, welcher Werdegang“

Kalbskopf-Resteverwertung

Erfahrungsgemäß kauft man stets zu viel Kalbskopf. Dann sollte man für den nächsten Tag ein feudales Fischgericht einplanen. Womit nicht unbedingt unsere flotten Flossenfreunde gemeint sind, sondern *Hummer*, *Garnelen* und Konsorten. Ihr knackiges Fleisch vereint sich besonders köstlich mit der leicht klebrigen *Kalbsbacke*. Diese wird in sehr kleine Würfel geschnitten. Nicht winzige, wie bei Schalotten, sondern kleine, wie auf den Tellern der sieben Zwerge. Diese Würfel brate ich leicht in *Butter* an und vergewissere mich, dass sie nicht noch nachgewürzt werden müssen, was ich gegebenenfalls tue. Dazu gehört auf jeden Fall 1 EL *Limettensaft*, denn eine gewisse Säure sollen sie haben, weil abschließend ein Guss *Sahne* für eine untypische Milde sorgt. (Untypisch für meine Küche, wo jedes Detail ein Gewürzprofil haben muss.)

Reste vom Kalbskopf,
Hummer, Garnelen o. ä., Butter,
1 EL Limettensaft,
etwas Sahne, evtl. Olivenöl

Diese Präparation geht natürlich auch mit *Olivenöl*, wie es in der katalanischen Küche üblich ist, wo Kalbskopf traditionellerweise mit vielem zusammengebracht wird, was aus dem Meer kommt. Wichtig ist auf jeden Fall die Säure, denn die typische, klebrig weiche Konsistenz der Kalbsbacke verlangt nach einem kontrastierenden Aroma.

Bei dieser Art der Resteverwertung rechne ich mit 1 gehäuften EL Fleischwürfel pro Portion.

Weitere Verwendungsmöglichkeiten ergeben sich bei der Füllung von Blätterteigtaschen, als dominierende Zutat bei Nudelsaucen oder in einem Reistopf mit im Wok gebratenem Gemüse. Es ist zu vermuten, dass vielen Essern der ungewohnte Kalbskopf in solchen Nebenrollen besser gefällt als im Ganzen, mit einer klassischen Sauce Gribiche.

Dazu ist zu sagen, dass Fleisch- (bzw. Fett-)reste vom Kalbskopf eine völlig andere Dimension der Kochkunst eröffnen als der Kopf im Ganzen. Das kleingewürfelte Pseudofett eines jungen Kalbskopfes kann man ebenso gut in der Fischküche einsetzen wie als Begleitung

von Suppengemüse. Jedenfalls ist es eine Absurdität, wenn der Küchenchef eines prominenten Restaurants einen halben Kalbskopf in den Ofen schiebt und ihn nach knapp zwei Stunden im Ganzen serviert. Er sieht dann wirklich scheußlich aus, wie ein Brandopfer mit bleckenden Zähnen. Mir ist so etwas einmal serviert worden, und ich frage mich bis heute, wogegen der Koch (er hieß Witzigmann) damals protestieren wollte.

Weinkenner mögen Kalbskopf aber in jeder Form, weil er sie dazu verführt, die ungewöhnlichsten Weine gegen ihn antreten zu lassen. Vom Gewürztraminer bis zum Beaujolais, vom Vin jaune bis zum Riesling passen praktisch alle Weine dieser Erde zu dem Standardgericht der Bistroküche.

Kalbskopf als Frikassee mit allerlei Saucen

Den zusammengebundenen *Kalbskopf* wie oben beschrieben weich kochen und in mundgerechte Stücke schneiden. In einer Pfanne anbraten wie ein Kalbsgulasch.

Kalbskopf (150 g pro Person),
Frühlingszwiebeln, Noilly Prat, evtl. Kapern, evtl. Morcheln
oder: Champignons, Zitronensaft, Sahne, evtl. Kapern, evtl. Morcheln
dazu: Blumenkohl oder Chicoree oder frische Erbsen

Die verschiedenen Saucen entstehen durch die an dieser Stelle des Kochvorgangs benutzten Kräuter und Gewürze. Ich gebe den leicht bratenden Stücken also entweder in Scheiben geschnittene *Frühlingszwiebeln* bei und lösche mit *Noilly Prat* ab. Oder ich brate sie zusammen mit halbierten *Champignons*. Dann ist *Zitronensaft* fällig, und abgelöscht wird mit *Sahne*. Möglich sind in beiden Fällen wieder einmal *Kapern*, die bei Innereien sehr nützlich sein können. Oder natürlich *Morcheln*, frisch oder getrocknet.

Der Kalbskopf passt, anders als die meisten Innereien, sehr gut zu Gemüse. Ob *Blumenkohl*, *Chicoree* oder frische *Erbsen* – solange man ihn nicht mit Wirsing oder Rosenkohl zusammenbringt, macht er als Hauptgericht eine ebenso gute Figur wie als Vorspeise mit Salat.

Gewürfelter Schweinsfuß

Dieses Teil aus der verpönten Küche ist vom Kalbskopf kaum zu unterscheiden. Er besteht überwiegend aus gelatinösem Pseudofett, das allein und für sich (außer es wird gewürfelt und knusprig gebraten unter Gemüse gemischt) keine Bereicherung der modernen Küche darstellt, was einmal an der Ängstlichkeit der Profiköche beim Würzen, zum anderen an seinem Aussehen liegt. Ein Schweinsfuß sieht nämlich aus wie ein Schweinsfuß, und das löst bei Amateuren nicht automatisch Jubel aus. Dabei kann er gerade für Hobbyköche sehr wichtig sein. Als Beigabe zum Schmorbraten ersetzt er Fonds und andere Bindemittel durch seine Gelierkraft. Dass ambitionierte Bistroköche ihn zusätzlich entbeinen und mit Foie gras und Trüffel füllen, zeigt, dass mehr im Schweinsfuß steckt als seine Verächter wahrhaben wollen.

Außerdem kann man mit ihm die gleichen pfiffigen Dinge anstellen wie mit den Resten eines gekochten Kalbskopfes (vorausgesetzt, seine Knöchelchen wurden entfernt).

„Schweinsfuß löst bei Amateuren nicht automatisch Jubel aus“

Knochenmark

Damals, als Europa kurz davor stand, dem Rinderwahnsinn zu verfallen (weshalb einige Familien nach Australien auswanderten), waren Hirn und Knochenmark der Rindviecher mehr gefürchtet als islamistische Selbstmordattentäter. Als aber die Zahl der an BSE Erkrankten die Zahl der beim Baden Ertrunkenen nicht überstieg, trauten sich einige Österreicher, in ihren Beisln nach Kalbshirn mit Ei zu fragen, einem Gericht, das dort zur Tradition gehörte. Auch wurden in den Rindersuppen wieder Markklöße gesichtet, wie sie üblich waren in bürgerlichen Suppen.

2 Stücke 10 cm lange (oder 5 kürzere) Rinder- oder Kalbsknochen,
evtl. Bouillon zum Auslösen, grobes Meersalz
dazu: herzhaftes Sauerteig-Landbrot

Nicht nur in Suppen. Genießer haben noch eine andere Verwendung für das Mark der Röhrenknochen. Sie verteilen es auf getoastete Brotscheiben und bestreuen das Mark mit grobem Meersalz. Um an das Mark der Kälber und Rinder zu kommen, kauft man beim Metzger die zersägten *Knochen*. 3 bis 10 Zentimeter sollten sie lang sein, dann lassen sie sich am besten mit einem Teelöffel aushöhlen. Zuvor müssen sie aber gegart werden, damit das Knochenmark überhaupt weich wird. Das erledigt man praktischerweise in einer frisch aufgesetzten *Bouillon*. Oder aber man stellt die Knochen aufrecht in eine Bratform, welche man in den 250 Grad heißen Backofen schiebt. Um gar, das heißt weich zu werden, braucht das Mark kaum mehr als 1/4 Stunde. In der Bouillon etwas länger.

Warum sollte man Knochenmark überhaupt essen? Ist es nicht sehr fett? Ja, das glaube ich auch. Deshalb genügen 2 etwa 10 cm lange oder 5 kürzere Knochen für eine kleine Vorspeise. Dazu brauche ich ein herzhaftes *Landbrot*, Typ Sauerteig. Davon entrinde ich zwei Scheiben und stecke sie in den Toaster. Mit einem Teelöffel wird sodann das weiche *Mark* aus den Knochen gefischt und auf dem Toast verteilt. Dann bestreue ich es mit dem groben *Salz*. Das ist alles, und das ist sehr delikat!

Wer da glaubt, ein Wodka oder ein Aquavit sei das passende Begleitgetränk, beweist damit Erfahrung.

Eine weitere Möglichkeit Knochenmark kulinarisch zu verwerten besteht darin, das ausgelöste Mark als saftigen Kontrast zu relativ trockenen Speisen einzusetzen. Also zum Brustfleisch von Geflügel und Kaninchen. Vor allem aber zu Fischfilets, auch wenn die gar nicht trocken, sondern noch glasig sind. Einfach darauf oder daneben platzieren. Aber immer sollte das Mark mit Meersalz aromatisiert sein. Dem Umstand, dass Markknochen selten in größeren Mengen vorrätig sind, verdanken wird die geringe Zahl von Rezepten für dieses etwas ungewöhnliche Produkt der Fleischküche. Wie die populären Markklöße hergestellt werden, kann man in jedem bürgerlichen Kochbuch nachlesen, das vierzig Jahre und älter ist.

„Knochenmark – nicht ohne grobes Salz“

Zungen

Jedes Tier, das in unserer Küche eine Rolle spielt, hat eine Zunge. Die Ansprüche, die wir an ein Stück Fleisch für unsere Ernährung stellen, erfüllen Zungen in hohem Maße. Sie sind fettlos, also mager; ihre Struktur ist glatt, deshalb garen Zungen gleichmäßig, Knorpel und Fasern enthalten sie nicht. Das gilt für alle Zungen, egal ob vom Kalb, vom Rind oder vom Lamm. Sogar für Zungen von größeren Fischen. Aus den Dokumenten der alten Römer wissen wir, dass sie selbst die Zungen von Nachtigallen gegessen haben. (Was erklärlich ist, wenn es eine Nachtigallenplage gegeben haben sollte und genügend Sklaven für die Zurichtung der nächtlichen Sänger vorhanden waren.)

Während Lammzungen als Salat in der mediterranen Küche eine gewisse Rolle spielen, beschränken wir uns traditionsgemäß auf Kalbs- und Ochsenzungen. Letztere gehörten – mit einer Madeirasauce serviert – noch in der ersten Hälfte des vorigen Jahrhunderts zu den Glanzlichtern der bürgerlichen Küche.

Erstaunlicherweise unterscheiden sich Kalbs- von Ochsenzungen kaum. Letztere sind allenfalls etwas dunkler als die Zungen vom Kalb. In der französischen Gastronomie existiert ein Rezept für Ochsenzungen, das an Raffinement kaum zu überbieten ist. Dafür wird die gepökelte, gekochte und erkaltete Zunge enthäutet und der Länge nach in waagrechte Scheiben geschnitten, deren jede einzelne mit einer gleich dicken Scheibe Gänseleberterrine belegt wird, so dass sie, aufeinander geschichtet, dem Prinzip einer Schichttorte entsprechen. Pro Portion wird davon eine senkrechte Scheibe abgeschnitten und als Vorspeise serviert.

Für den Privathaushalt gibt es einfachere Versionen. Der Metzger verkauft im Allgemeinen nur gepökelte Zungen. Die müssen zwar gekocht werden wie frische, haben aber durch das Pökelsalz wenigstens schon einmal jenen Geschmack, den die Hausfrau einer frischen Zunge nur mühsam vermitteln kann. Das Pökeln macht das Kochen einer aromatischen Gemüsebrühe überflüssig. Die ganze Zunge wird also einfach mit Wasser aufgesetzt, zum Kochen gebracht und dann mindestens 1 1/2 Stunden zugedeckt gekocht. (In diesem Fall eine Zunge für vier Personen.) Gar ist sie, wenn sich eine Bratengabel leicht in sie einstechen lässt. Dann nehme ich sie aus dem Kochwasser und lasse sie etwas abkühlen, damit ich mir beim Enthäuten nicht die Finger verbrenne. Das ist nämlich der nächste Schritt und gleichzeitig der

„Kalbszunge – erfüllt höchste Ansprüche"

letzte, der unvermeidlich ist. Von da an herrscht wieder die schöne Willkür, die das Kochen so spannend macht.

Also enthäuten. Das ist wahrscheinlich jener Teil der notwendigen Arbeit, weswegen Zungen in der Privatküche so selten sind. Die Haut lässt sich leicht abziehen; aber sie ist dick und hat eine frappante Ähnlichkeit mit einer menschlichen Fußsohle.

Enthäutet ist eine Kalbszunge ein Stück rosa Materie, wie gekochtes Fleisch oft aussieht. Es wäre jetzt einfach, sie so zuzubereiten, wie das früher üblich war: in Scheiben schneiden und mit einer dicken Bratensauce nappieren. Mir ist das zu einfallslos. Ich schneide das Fleisch in kleine Würfel von 1 cm Kantenlänge und nenne mein Rezept Kalbszunge mit Chicoree.

Kalbszunge mit Chicoree

Den *Chicoree* kann ich vorbereiten. Dazu werden 8 bis 10 Stangen von ihren eventuell angegrauten äußeren Blättern befreit und quer zerschnitten, als wären es Würste. In einer großen Kasserolle lasse ich 2 EL *Butter* heiß werden und gebe 3 geschälte und in Scheiben geschnittene *Äpfel* mit 1 TL *Zucker* dazu. Leicht karamellisieren lassen, dann den gewaschenen *Chicoree* tropfnass in die Pfanne geben. Ferner kommen dazu: 1 EL *Orangenmarmelade*, der Saft einer 1/2 *Zitrone*, *Salz* und *Cayenne*. Ein kleines Glas *Traminer* wäre sehr passend, aber es darf auch Wasser sein. Dann zugedeckt so lange bei schwacher Hitze köcheln lassen (ca. 40 Minuten), bis der Chicoree wirklich weich ist, nicht nur al dente! Ab und zu kontrolliere ich den Stand der Flüssigkeit, damit nichts anbrennt, probiere und freue mich, dass ich eine erstklassige *Orangenmarmelade* im Haus habe. Es sollte eine deutlich bittere Marmelade sein, die nicht wenige Stücke der Orangenschale enthält. Solche Kleinigkeiten müssen streng beachtet werden, weil sie eben keine Kleinigkeiten sind, sondern über die Qualität eines Essens entscheiden.

(für 4 Personen)
1 gepökelte Kalbs- oder Ochsenzunge, 8-10 Stangen Chicoree,
2 EL Butter, 3 Äpfel, 1 TL Zucker, 1 EL bittere Orangenmarmelade,
1/2 Zitrone, Salz, Cayenne, evtl. 1 kl. Glas Traminer, 1 Schalotte,
ca. 1 EL grober Senf, 1 Becher Sahne
dazu: Reis oder Kartoffelpüree

Die gewürfelte *Kalbszunge* braucht jetzt nur noch aromatisch verbessert zu werden, gar ist sie ja bereits. Dazu lasse ich in einer schweren Pfanne 1 fein gehackte *Schalotte* in *Butter* glasig werden und gebe die *Würfel* dazu. Begleitet werden sie von 1 EL (oder mehr) grobem *Senf*, das ist der nicht so scharfe mit den sichtbaren Senfkörnern. Damit sich das alles gut vermischt, gieße ich 1 Becher voll *Sahne* an und lasse sie reduzieren, wobei ich wieder einmal abschmecke und gewiss nachwürzen muss: mit *Pfeffer* oder *Salz* oder *Senf* oder *Sahne*.

Dann hole ich den *Reis* aus dem Ofen, der dort schon seit fast einer Stunde quillt und rufe die Besatzung des Hauses zum Essen. Statt Reis wäre auch *Kartoffelpüree* denkbar, aber keine Nudeln und auch keine ganzen Kartoffeln.

Zunge mit Lauch und Curry im Backschlauch

Für dieses Rezept gilt: Grundzubereitung der *Zunge*. Nur das Gemüse bringt Abwechslung auf den Tisch. Dazu brauche ich 6 Stangen *Lauch*, und zwar nur die unteren weißen und die darüber sitzenden hellgrünen Teile. Die äußeren dicken und sandigen Häute werden entfernt. Pro Stange habe ich ungefähr 20 cm Lauch. Die halbiere ich auf 10 cm. Sie werden gut gewaschen und in einen Backschlauch gelegt. Der ist aus Plastik und ersetzt die traditionelle Schweinsblase.

(für 4 Personen)
1 Kalbs- oder Ochsenzunge, 6 Stangen Lauch, 2 TL Curry,
1 1/2 Gläser süßer Weißwein (Riesling Beerenauslese
oder Scheureben Auslese), Salz, Cayenne, Butter
dazu: getoastetes Sauerteigbrot

Zum Lauch gebe ich 2 TL *Curry*, 1 1/2 Glas süßen *Weißwein* vom Typ einer Riesling-Beerenauslese, also keine honigsüße Trockenbeerenauslese; eine Auslese von der Scheurebe kann es auch sein. Etwas *Salz* und eine Messerspitze gemahlener *Cayenne* dürfen nicht fehlen, dann kommen noch 2 EL *Butter* hinzu. Nun binde ich den Schlauch mit den anhängenden Streifen zu und lege ihn in eine flache Gusseisenform. Die stelle ich in den heißen Backofen, wo die Lauchstangen langsam weich werden, was sich leider nicht kontrollieren lässt. Aber nach 40 Minuten sollten sie soweit sein.

Ich nehme die Form aus dem Ofen und schneide den Backschlauch auf. Vorsicht! Er entlässt eine heiße Dampfwolke. Seinen Inhalt entleere ich in die Form, wo ich ihm den letzten Schliff gebe. Das heißt abschmecken und eventuell nachwürzen. Sollte der Kochsaft noch sehr dünn sein, reduziere ich ihn auf dem Herd; ist er bereits stark eingekocht, hole ich ihn mit einem zusätzlichen Glas *Wein* wieder ins Leben zurück. In jedem Fall sollte da ein sehr appetitlicher Saft entstanden sein, den ich anschließend abseits vom Feuer mit einem Stück kalter *Butter* aufmontiere. Dazu dicke Stücke *getoastetes Sauerteigbrot* oder – siehe Kalbszunge mit Chicoree.

Kalbszunge mit grüner Sauce

Dafür wird die gekochte und enthäutete *Kalbszunge* nicht gewürfelt, sondern schräg in dünne Scheiben geschnitten, wie das in der bürgerlichen Küche üblich ist. Diese werden dann ohne weiteren Aufwand mit *Salzkartoffeln* und *grüner Sauce* serviert. Das ist jene grüne Pampe aus sieben gehackten Kräutern, die auch Frankfurter Grüne Sauce genannt wird. Schon Goethe hat sie geschätzt; heute wird sie vorzugsweise zu Frankfurter Würstchen oder Spargel gegessen. Im Frühsommer bekommt man sie auf guten Märkten fertig gebündelt. Die Kräuter müssen nur gehackt und abgeschmeckt werden.

1 Kalbszunge, grüne Sauce
dazu: Salzkartoffeln

Lammzungen

So sehr sie sich in der Größe von Kalbs- und Ochsenzungen unterscheiden, werden Lammzungen nach dem gleichen Prinzip wie diese zubereitet. Sie werden nicht gepökelt verkauft, also zuerst in einer kräftigen Gemüsebrühe garen, dann abkühlen lassen und enthäuten. Wegen ihrer geringen Größe werden sie in der österreichischen Küche gern in Teig oder in Semmelbrösel gebacken. Im Mittelmeerraum bilden sie oft den Mittelpunkt eines Salates, wo man sie aber möglichst nicht mit Tomaten zusammenbringt. Dafür fühlen sie sich in der Gesellschaft mit vielen gehackten Schalotten und gekochten Kenia-Böhnchen sehr wohl. Auch Sardellenfilets mögen sie, während hart gekochte Eier einen eher optischen als kulinarischen Effekt beisteuern. Wo man sie zusammen mit Oliven anrichtet, geschieht das vor allem deshalb, weil die in der Nachbarschaft wachsen. Olivenöl ist ohnehin für die Vinaigrette unerlässlich.

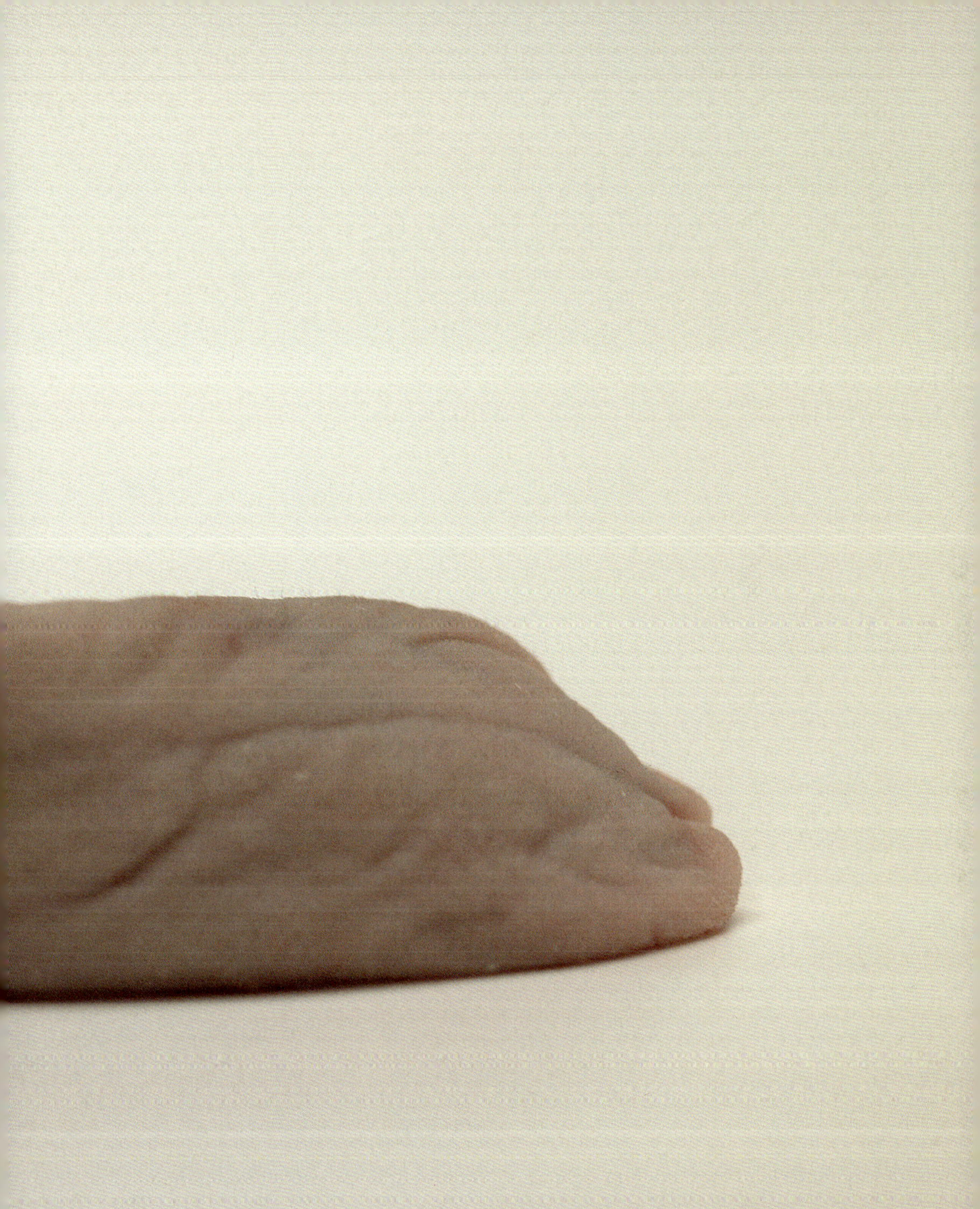

„Lammzunge – nichts mehr zu meckern“

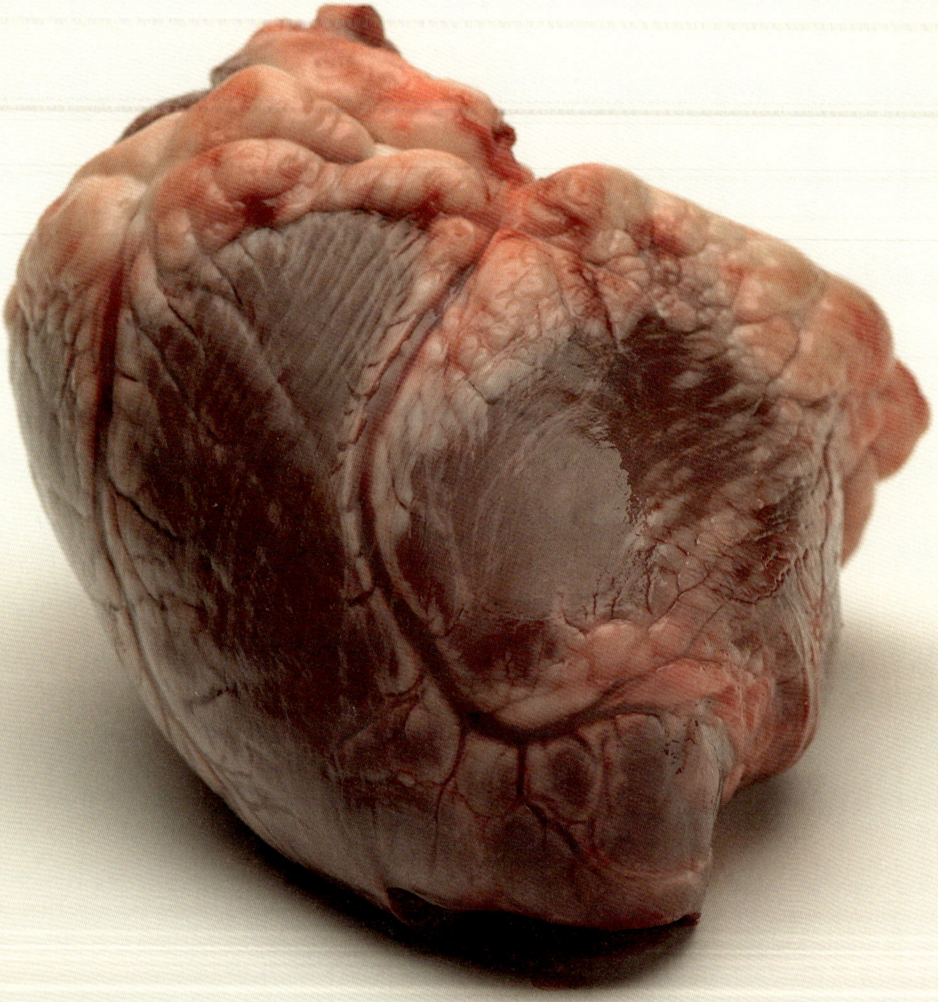

„Lammherz – einfach herzig, das Kleine“

Das Herz

Wenn sie im Metzgerladen liegen, sehen Herzen aus wie übergroße, braune Paprikaschoten. Und wie diese fast alle nach den gleichen Regeln gekocht werden, so geschieht es auch mit Herzen. Man muss also nur wissen, welche Sorte am zartesten ist – und damit am einfachsten zuzubereiten: Lamm, Schwein, Kalb oder Rind?

Was ihren Geschmack angeht, so unterscheiden sie sich nur wenig voneinander. Kaut man darauf herum, könnte man denken, ein festes Stück Leber im Mund zu haben. Nur dass ein Herz überhaupt nicht schmeckt wie eine Leber. Eher wie eine Gänsebrust oder Rehkeule. Und am zartesten ist das Kalbsherz.

(für 3 Personen)
1/2 Kalbsherz, 10 Schalotten, 1 Peperonischote, Olivenöl,
Salz, grober Pfeffer, Weißwein (zum Ablöschen),
Portwein (zum Ablöschen),
Hühnerbrühe (zum Ablöschen), 1 Lorbeerblatt
dazu: Lauchgemüse

Ein ganzes Kalbsherz wiegt ungefähr 1 kg, das reicht für sechs Personen und eventuell mehr; es gehört damit zu den sehr preiswerten Genussmitteln. Und zu den kalorienarmen. Denn es ist durch und durch mager. Da es nicht faserig ist wie entsprechende Stücke vom Rind oder vom Schwein, lässt es sich erfreulich risikolos braten. Erst wenn es eindeutig zu lange in der Pfanne liegt, wird es trocken und hart.

Für drei Personen wird das *Herz* zunächst halbiert. Dann zerschneide ich eine Hälfte in 2 cm dicke Scheiben. Die wiederum bearbeite ich dergestalt, dass ich von den Scheiben alles abschneide, was nicht glattes, mageres Fleisch ist. Wegen ihrer völlig gleichmäßigen Struktur ähneln die Fleischscheiben bereits jetzt einer Leber.

Folgende Kleinigkeiten gehören zur Vorbereitung: 10 *Schalotten* schälen und in grobe Würfel schneiden. 1 *Peperonischote* der Länge nach aufschneiden; die scharfen Kerne herauskratzen und die Schote klein hacken. *Peperoni* und *Schalotten* im Bräter in *Olivenöl* anschwitzen. Die Fleischscheiben mit *Salz* und grobem *Pfeffer* einreiben und in den Bräter legen. Bei mittlerer Hitze leicht anbraten, dann ablöschen. Dazu nehme ich je ein Drittel *Weißwein*, *Portwein* und *Hühnerbrühe*. Die Herzscheiben dürfen aber nicht mit Flüssigkeit bedeckt sein. 1 *Lorbeerblatt* kommt noch in den Topf, und nach ca. 20 Minuten sollte das Fleisch gar sein. Es darf nicht völlig durchgebraten sein, sondern muss in der Mitte einen saftigen Kern haben. Dazu esse ich gern ein *Lauchgemüse*, aber eigentlich passt alles, was auch einem Kaninchen schmeckt.

Kalbsherz mit weißen Bohnen

Den *Bohneneintopf* stelle ich nach dem südfranzösischen Rezept für Cassoulet her, dem ich anstelle der Toulouser Würste in Scheiben geschnittene *Chorizo* beigebe.

Bohneneintopf (hergestellt nach dem
südfranzösischen Rezept für Cassoulet, anstelle Toulouser Würste
jedoch in Scheiben geschnittene Chorizo),
1 Kalbsherz

Die oben beschriebenen *Kalbsherzscheiben* schneide ich in große Würfel und gebe sie für 20 Minuten in das noch köchelnde, aber bereits fertige Cassoulet. Damit erspare ich mir die traditionellen Hühnerteile und die Lammkoteletts.

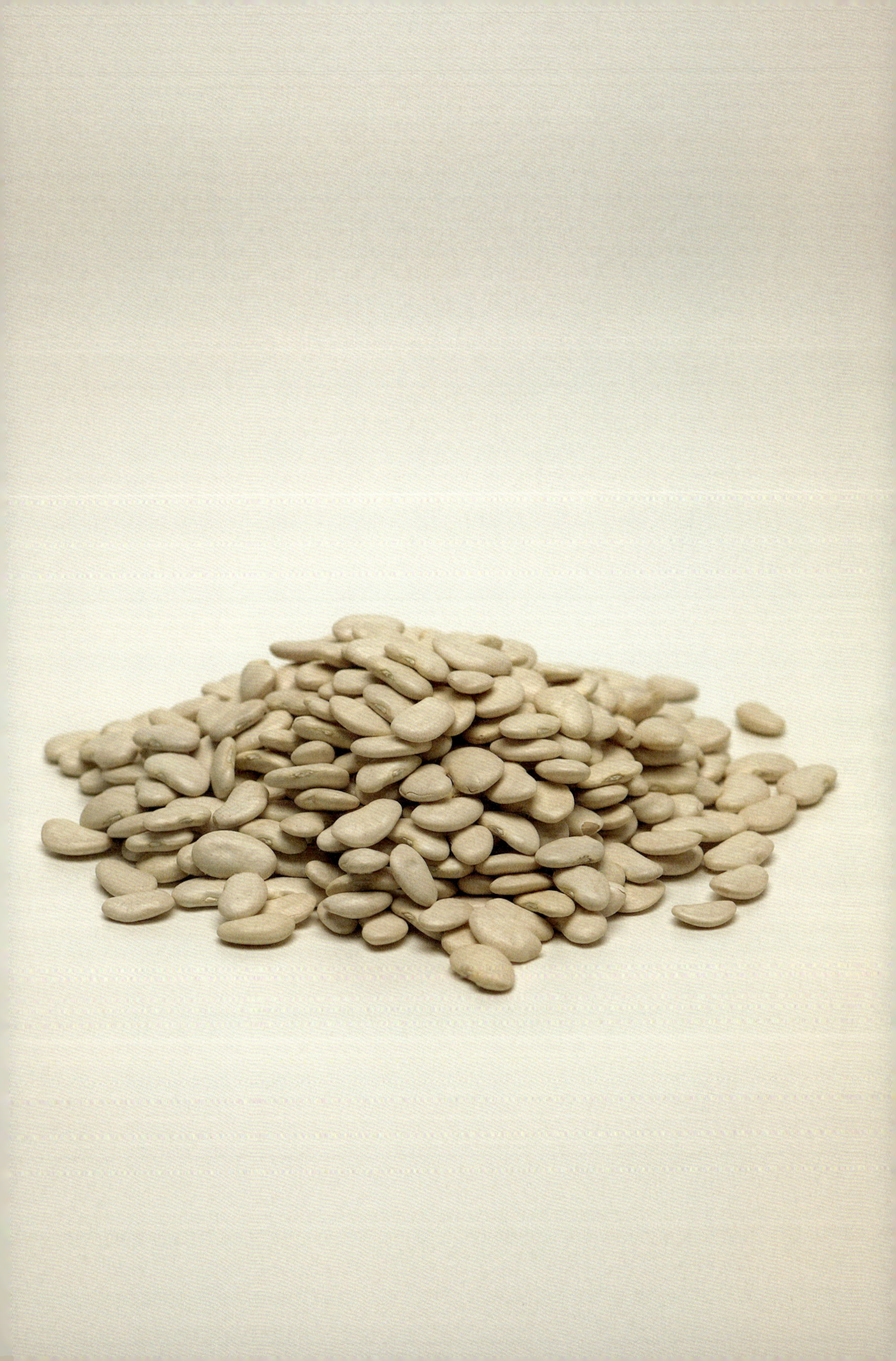

Eintopf vom Kalbsherz

Dieser Eintopf basiert ebenfalls auf dem Rezept für ein Cassoulet, gleichzeitig hat er aber auch Ähnlichkeit mit dem elsässischen Bäckerotte. Dazu brauche ich für drei Personen 1/2 *Kalbsherz*, von allen Fettresten gesäubert und in Streifen geschnitten. Ferner: 3 große *Frühlingszwiebeln*, 1 daumengroßes Stück frische *Ingwerwurzel*, 4 *Strauchtomaten* in Pflaumengröße, 1 Handvoll *Pellkartoffeln* vom Vortag, fast ebenso viel dünne Scheiben einer *Chorizo* mit kleinem Durchmesser; grobes *Meersalz*, *Wein* und *Bouillon*.

(für 3 Personen)
1/2 Kalbsherz, 3 große Frühlingszwiebeln,
1 daumengroßes Stück frische Ingwerwurzel,
4 Strauchtomaten (pflaumengroß), 1 Handvoll Pellkartoffel vom Vortag,
1 Handvoll Chorizo-Scheiben mit kleinem Durchmesser,
grobes Meersalz, 1 Chili, Olivenöl, Weiß- oder Rotwein, Bouillon,
evtl. Joghurt oder Crème fraîche légère
dazu: Sauerkraut

Die *Frühlingszwiebeln* werden in grobe Stücke, die geschälten *Ingwerwurzeln* in feine Würfel gehackt und gleichzeitig in *Olivenöl* bei mittlerer Hitze angebraten. Dafür eignet sich in diesem Fall keine Pfanne, sondern ein kleiner, gusseiserner Brattopf mit gut schließendem Deckel. Die *Fleischstreifen* würfeln und dazugeben. Mit *Meersalz* und 1 gemörserten *Chili* würzen. Wenige Minuten angehen lassen, ohne dass etwas anbrennt. Dann mit *Bouillon* ablöschen und mit *Wein* aufgießen, dass der Inhalt des Bräters fast bedeckt ist. Ob ich dazu Weiß- oder Rotwein nehme, ist nicht entscheidend. Bei Rotwein würde ich kräftige Weine wie Châteauneuf-du-Pape, Syrrah oder Blaufränkisch vorziehen. Weißweine sollten trocken und nicht entsäuert sein. Mit dem Deckel verschließen und bei kleinster Hitze ungefähr 2 Stunden schmoren lassen. Trotz des Deckels wird der Schmorsaft verdampfen, deshalb immer wieder *Wein* oder *Bouillon* nachgießen. Während dieser Zeit die garen, aber kalten *Kartoffeln* pellen und in kleine, dicke Scheiben schneiden, die *Tomaten* überbrühen und enthäuten. Sodann vierteln und zusammen mit den *Kartoffeln* in den Topf geben. Spätestens jetzt abschmecken und nachwürzen. Sollte der Topfinhalt sehr scharf schmecken, was bei Chilis leicht vorkommt, einen Becher *Joghurt* oder *Crème fraîche légère* unterrühren. Die Fleischstücke mögen geschrumpft sein, sind aber nicht trocken. Alles aufkochen und eventuell mit weite-

rer Flüssigkeit begießen, so dass der erwartete Eintopf gegessen werden kann, ohne Suppe geworden zu sein. Das passende Gemüse dazu heißt *Sauerkraut*.

Lammherzen im Salat

Die deutlich kleineren *Herzen vom Lamm* werden nicht anders zubereitet als die vom Kalb. Doch nachdem sie gebraten wurden (weniger lange als Kalbsherzen), lasse ich sie abkühlen und mariniere sie, um sie in einem Salat zu verwenden.

1 Lammherz
für die Marinade: 1 EL Olivenöl, 3 EL trockener Sherry,
2 EL gehackte Schalotten, 1 Sternanis, 1 TL Sojasauce, Pfeffer, Salz
Möglichkeiten für den Salat: gekochte Kartoffeln,
Rote Bete, grüne Bohnen, gedämpfter Lauch, gehackte Eier, Kapern

Die Marinade besteht aus: 2 EL *Olivenöl*, 3 EL trockener *Sherry*, 2 EL gehackte *Schalotten*, 1 *Sternanis*, 1 TL *Sojasauce* und natürlich *Pfeffer* und *Salz*. Diese Kraftsauce passt zu einem Salat mit gekochten *Kartoffeln*, *Roter Bete*, *grünen Bohnen*, gedämpftem *Lauch* (aber nicht alles gleichzeitig) sowie zu gehackten *Eiern* und *Kapern*. Die Streifen vom *Lammherz* sollten sehr dünn oder klein gewürfelt sein; das ist Geschmackssache.

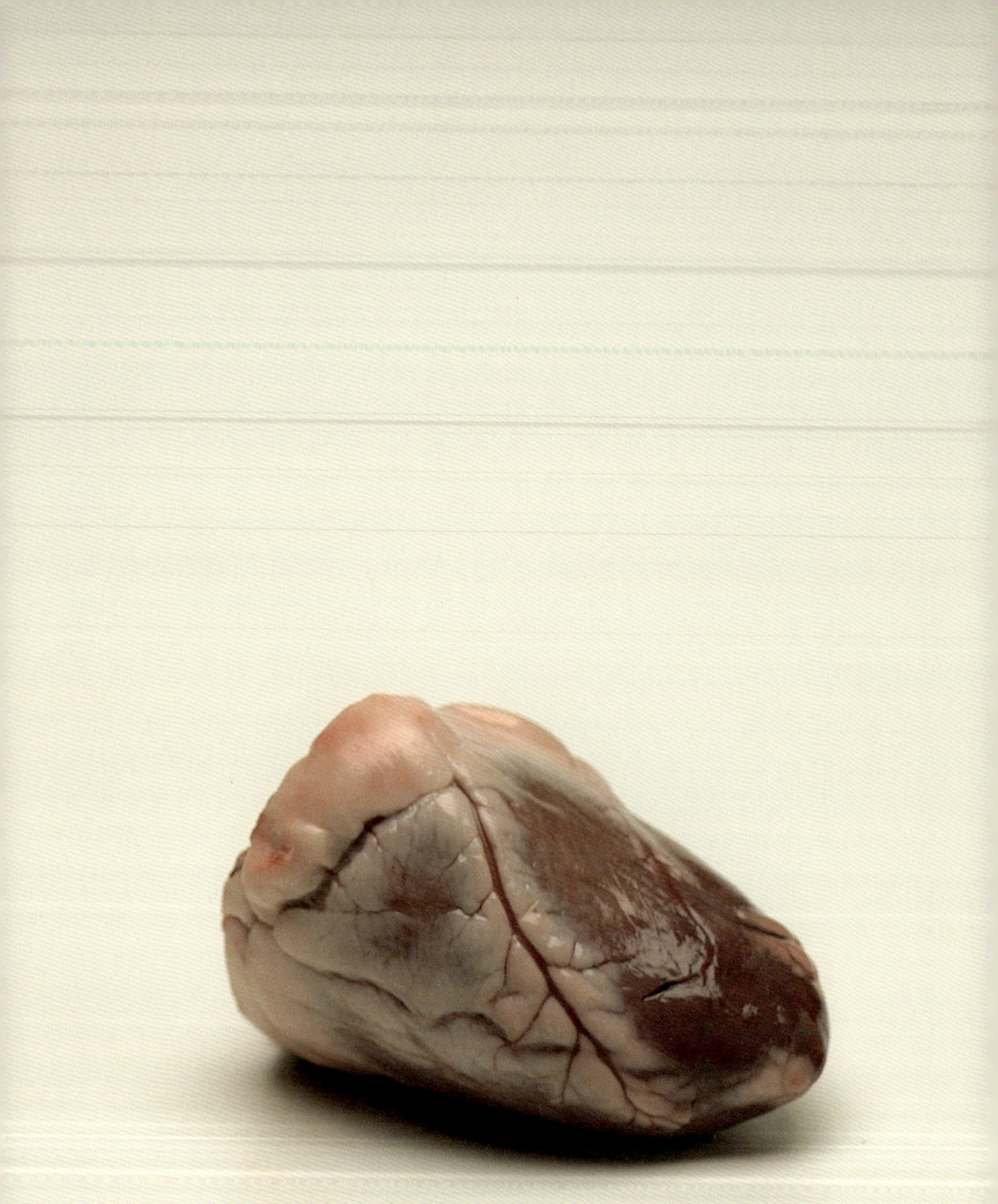

„Hühnerherz – ein Fall für die losgelassene Fantasie“

Hühner- und Entenherzen

Diese niedlichen Teile unseres Geflügels sind dem Verbraucher so vertraut, dass kaum jemand sie unter die Innereien zählt. Sie unterscheiden sich auch geschmacklich kaum von den Vögeln, denen sie entstammen, deshalb werden sie auch gebraten (oder gekocht) wie eben Hühner und Enten gebraten werden. Nur dass ich dazu keinen Brattopf, sondern nur eine kleine Pfanne brauche, in der die Herzen bei mäßiger Hitze gebraten werden. Da ich nicht erwarte, sie könnten wie Entenkeulen oder Hühnerbrüste schmecken, bleibt mir jede Freiheit, sie aromatisch so zu bearbeiten, wie die Hexe im Märchen es zu tun pflegte, wenn sie Kindern einen Schauder über den Rücken jagen wollte. Also ein Fall für die losgelassene Fantasie.

Kalbs- und Lammhirn

Bei diesen Produkten ist für viele der Ekelgipfel erreicht. Dabei essen sie Hirn wahrscheinlich ziemlich regelmäßig; in gewissen Würsten wird es traditionellerweise verarbeitet.

Für Anfänger empfiehlt sich als Erstes eine Begegnung mit dem Lammhirn. Man bekommt es bei Metzgern, die traditionell viele Lämmer schlachten, also bei türkischen oder nordafrikanischen.

Ein Lammhirn ist eher klein und putzig. Es sieht aus wie eine überdimensionale Walnuss. In seinen Spalten schimmert es rötlich, das sind feine Blutreste, davor scheut die pazifistische Hausfrau zurück. Also muss sie das *Hirn* wässern. Sie legt es in kaltes Wasser und streut 1 EL *Salz* hinein. Wenn sie das zweimal wiederholt, dürfte das Lammhirn nach 2 Stunden weiß sein.

(als Vorspeise für 2 Personen)
1 Lammhirn, Lorbeerblätter, 3 Gewürznelken, 2 Schalotten,
1 TL Pfefferkörner, Sellerie, Rosmarin, Salz, Mehl, salzige Butter,
1 EL kleine Kapern, etwas Zitronensaft oder Apfelessig

In der Zwischenzeit hat sie einen sehr kräftigen Gemüsefond aufgesetzt, mit der Betonung auf sehr. Also mehrere *Lorbeerblätter*, 3 *Gewürznelken*, 2 halbierte *Schalotten*, 1 TL *Pfefferkörner*, *Sellerie*, *Rosmarin* und *Salz*.

In diesen köchelnden Sud legt sie das *Hirn* und lässt es 15 Minuten ganz sanft gar werden. Will sie es danach in Scheiben schneiden und panieren, sollten es 5 bis 10 Minuten mehr sein. Denn nach 15 Minuten ist es innen noch sehr feucht. Aber das ist Geschmackssache. Ich paniere nicht und begnüge mich mit 15 Minuten. Danach wird das *Lammhirn* in Längsscheiben geschnitten, ganz leicht *mehliert* und in reichlich salziger *Butter* gebraten. Wiederum ganz vorsichtig, denn so ein Hirn besteht ja nur aus Eiweiß.

Hat es ein wenig Farbe angenommen, ist es technisch gesehen fertig. Nun wird gewürzt. Dazu streue ich 1 EL kleine (!) *Kapern* in die Butter und gebe einige Tropfen *Zitronensaft* hinzu. Oder etwas *Apfelessig*. Ich schmecke die Bratbutter ab und entscheide, ob noch etwas *Salz* vonnöten ist. Mehr braucht es nicht, um das ungeheuer zarte Produkt in eine ungeheuer leckere Vorspeise zu verwandeln. Eine Variation davon ist das Lammhirn Pomodoro.

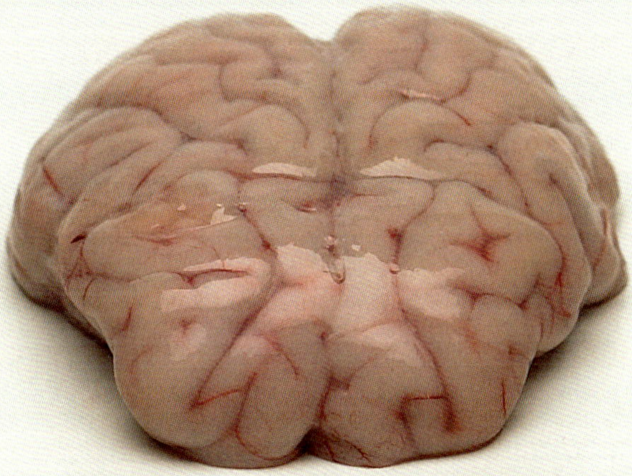

„Lammhirn – sieht aus wie eine überdimensionale Walnuss“

Lammhirn Pomodoro

Es hat dieses Mehr, das ich soeben als unnötig bezeichnet habe. Und das besteht aus 1 EL *Tomatenkonkassee*, das ich zum Hirn in die Pfanne gebe.

Zutaten siehe Kalbs- und Lammhirn
für Lammhirn Pomodoro zusätzlich: 1 EL Tomatenkonkassee

Normalerweise ergibt ein Lammhirn eine kleine Vorspeise für zwei Personen. Doch nach dem ersten Versuch werden wahre Feinschmecker ein ganzes Hirn für sich allein beanspruchen.

Lammhirn mit Tomatensauce

Wie viel Hirn man für diese Vorspeise braucht, hängt nicht von der Zahl der Personen ab, sondern von deren Vorstellung, wie viel sie davon essen wollen. Ein Hirn pro Person scheint mir genug zu sein, es sei denn, jemand wollte sich daran satt essen, doch das kommt selten vor; denn Lammhirn ist eine Vorspeise.

Das *Lammhirn* wird mehrere Stunden gewässert, damit die Blutreste sich auflösen und das Hirn schön weiß wird. In der Zwischenzeit bereite ich einen Sud vor, der scharf sein soll wie ein Hexengebräu, denn das Hirn nimmt so leicht kein Aroma an. Also Wasser sehr stark *salzen* und *pfeffern*, einen kräftigen Guss *Xeres-Essig* dazugeben sowie 4 *Nelken* und 5 *Lorbeerblätter*. Mindestens 1/2 Stunde köcheln lassen; am besten so lange, wie das Hirn im kalten Wasser liegt. Dann den Sud abschmecken, und wenn man dabei nicht erschreckt aufschreit, noch mehr *salzen* und *pfeffern* oder mit *Essig* oder *Nelkenpulver* nachhelfen.

Lammhirn (pro Person 1 Stück),
Salz, Pfeffer, Xeres-Essig, 4 Nelken, 5 Lorbeerblätter,
Butter, 1 TL kleine Kapern
für die Tomatensauce: aromatische Tomaten,
Bouillon, Pfeffer, Salz, Sahne
dazu: Spaghettini

Nun hebe ich das *Hirn* aus dem Wasser und wasche es kurz ab. Dann lasse ich es in den Sud gleiten. Der darf nicht mehr kochen, sondern nur ca. 15 Minuten simmern. Die Druckprobe mit der Gabel wird der Köchin sagen, wie weich das Hirn noch ist.

Hat es den gewünschten Garzustand erreicht, nimmt man es aus dem Sud und brät es im Ganzen in einer kleinen Pfanne in schäumender *Butter* bei mittlerer Hitze.

Man kann es auch halbieren oder völlig in Scheiben zerschneiden, je nachdem, in welcher Form man es lieber isst. Das *Hirn* bzw. seine Scheiben brate ich in der *Butter* leicht an und streue 1 TL kleine *Kapern* darüber.

Für weitere Experimente fehlt mir die Geduld, ich will diese Köstlichkeit endlich essen! Hätte ich Trüffel, wie ich Schulden habe, würde ich schwarze Trüffelscheiben über das Lammhirn streuen. Doch beim nächsten Mal (habe ich mir bis jetzt immer vorgenommen) werde ich ein paar Experimente mit ihm anstellen. Nur dieses Mal noch nicht. Die Wahl des Weins war schon schwierig genug. Ich habe mich für eine fruchtige, Riesling Auslese entschieden, und die darf nicht warten.

Eine Zutat aber ist köstlich. Es ist diese eine kräftige, hellrosa Tomatensauce. Dazu werden aromatische *Tomaten* wie zur Suppe angedünstet, mit *Bouillon* oder Wasser gekocht, mit *Pfeffer* und *Salz* gewürzt und abschließend durchgesiebt. Sodann reduziert und mit *Sahne* aufgegossen. Ich erspare mir genauere Mengenangaben, da anzunehmen ist, dass jemand, der sich für dieses Buch interessiert, genau weiß, wie man eine rassige Tomatensauce kocht und abschmeckt.

Dass diese Sauce wunderbar zum Hirn passt, sieht man auf den ersten Blick. In einem tiefen, weißen Teller ums blasse Hirn gegossen bietet sich dem Esser ein verführerischer Anblick. Und zwar auch dann, wenn das Hirn länger pochiert und in Butter angebraten wurde, meinetwegen auch scheibchenweise.

Man kann das Lammhirn zusammen mit *Spaghettini* servieren. Kartoffeln wären zu aufdringlich. Man kann es aber auch mit Semmelbröseln panieren und ausbacken. Oder mit einem dicken, halbsüßen Balsamico umgießen.

Gegessen habe ich das alles schon. Aber wenn ich Hirn selber zubereite, dann immer in der schlichten Form wie ich es hier beschrieben habe.

Schweinehirn

Der Laie wird Mühe haben, das Schweinehirn vom Lammhirn zu unterscheiden, so ähnlich sind sie sich. Die gleiche Größe, die gleiche Farbe und die gleiche Empfindlichkeit. Auch geschmacklich ist kein Unterschied festzustellen. Um ihn (der selbstverständlich existiert) zu identifizieren, muss man schon mehrere Schweine- und Lammhirne hintereinander essen. Und wer will das schon. Ich glaube bemerkt zu haben, dass das *Hirn vom Schwein* den Geschmack der Brühe schlechter annimmt als das vom Lamm. Deshalb würze ich sie noch stärker, bis sie fast ungenießbar scheint. Dabei bewähren sich vor allem der *Lorbeer*, die *Gewürznelke* und viele in Scheiben geschnittene *Schalotten*. Und das *Salz*.

1 Schweinehirn, Lorbeerblätter, Gewürznelken,
Schalotten, Salz, salzige Butter, 1 EL kleine Kapern,
etwas Zitronensaft oder Apfelessig, evtl. aromatisierter Essig oder Curry,
evtl. in der Pfeffermühle gemahlener Koriander

Die weitere Verarbeitung entspricht der des Lammhirns. Variationen sind nur möglich, indem ich mit der Bratbutter experimentiere. Die kann ich in der letzten Bratphase mit aromatisiertem *Essig* ablöschen oder mit *Curry* bestreuen. Auch in der Pfeffermühle gemahlener *Koriander* bringt Abwechselung in die Pfanne. Da ein Hirn, egal von welchem Tier, keinen eigenen Geschmack hat (außer dem von der Kochbrühe), kann man ihm theoretisch jedes Aroma aufzwingen. Es ist also das ideale Produkt für fantasievolles Kochen.

Kalbshirn

Das Kalbshirn unterscheidet sich ebenfalls auf den ersten Blick lediglich durch seine Größe vom Lammhirn. Entsprechend identisch ist der erste Schritt bei der Zubereitung. Also wässern und blanchieren. Ist es abgekühlt, untersuche ich es auf Häute. Die sind sehr fein und lassen sich leicht abziehen.

1 Kalbshirn,
Lorbeerblätter, 3 Gewürznelken,
2 Schalotten, 1 TL Pfefferkörner, Sellerie, Rosmarin,
Salz, salzige Butter, 1 EL kleine Kapern,
etwas Zitronensaft oder Apfelessig

Doch während ich das Hirn vom Lamm in die Hand nehmen kann wie einen kleinen Vogel, geht das mit dem vom Kalb schon nicht mehr. Außerdem erinnert es nicht an eine große Walnuss, sondern man könnte es auch für ein Badewannen-Zubehör halten wie Plastikenten und Tiefseeschwämme. Zudem lohnt es sich beim Kalb, das *Hirn* herumzudrehen und sich seiner Unterseite zu widmen. Dort sitzt nämlich allerlei Geschlunz, das die penible Hausfrau entfernen möchte. Das macht keine Schwierigkeiten, denn auch ein Kalbshirn besteht nur aus weichem Eiweiß.

Diese Säuberungsaktion geschieht logischerweise vor dem Wässern. Alles Weitere ist nur eine Wiederholung der oben beschriebenen Zubereitungen. Mit einer Ausnahme. Die betrifft das in der Wiener Küche populäre Hirn mit Rüherei.

„Kalbshirn – man könnte es für einen Tiefseeschwamm halten“

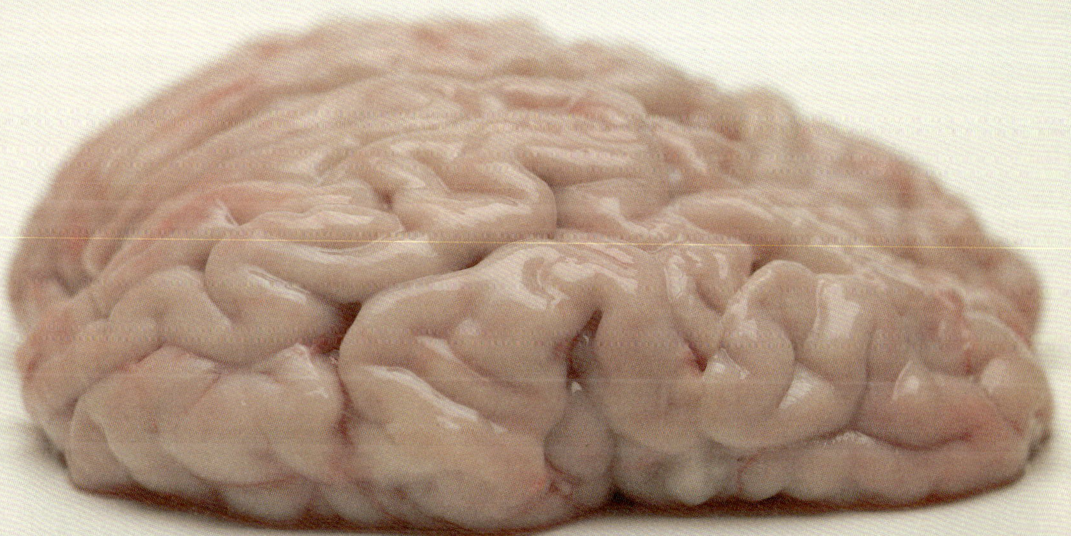

Hirn mit Rührei

Das Rezept ist so einfach wie es klingt. Man zerhackt das fertig gekochte *Hirn* in grobe Stücke, gibt 3 oder 4 geschlagene *Eier* in die Pfanne und fügt die Hirnstücke hinzu. Darüber streut man 2 EL fein gehackten *Schnittlauch*, eventuell auch etwas *Knoblauch*, *salzt*, rührt alles durcheinander und hat ein leichtes, zweites Frühstück in der Pfanne.

Zutaten siehe Kalbshirn, außerdem:
3–4 Eier, 2 EL fein gehackter Schnittlauch, evtl. Knoblauch

Ebenfalls aus Wien stammt das Gebackene Hirn.

Gebackenes Hirn

Es sollte etwas länger pochiert werden, denn es wird danach in Scheiben geschnitten und wie ein Wiener Schnitzel gebacken. Also *gesalzen*, durch *Eigelb* gezogen und mit *Mehl* bestäubt, dann in *Butterschmalz* goldgelb gebacken. Besser als Mehl eignen sich *Semmelbrösel*.

Zutaten siehe Kalbshirn, außerdem:
Eigelb, Mehl oder Semmelbrösel, Butterschmalz
dazu: Salat oder leichte Sommergemüse (z. B. Spargel)

Die in Brosel ausgebackene Version ist wahrscheinlich erfunden worden, um die grenzenlos weiche Konsistenz des Hirns auszugleichen. Dazu wird fast immer *Salat* serviert. Aber auch leichte *Sommergemüse* sind als Beilage denkbar, die Kombination mit *Spargel* würde eine delikate Abwechslung bedeuten, feiner als Schinken und die üblichen Schnitzelstücke ist sie sicherlich. Je nachdem, für welche Variante man sich entscheidet, kann man auch Rotwein zum Kalbshirn trinken.

Das Kalbsbries

Bei diesem Stück Innerei haben wir es mit einem Extremfall zu tun. Viele Gourmets und die meisten großen Köche sind der Meinung, beim Kalbsbries handele es sich um das edelste und delikateste Teil eines vierfüßigen Tieres überhaupt. Das teuerste ist es sowieso. Doch für die Mehrheit der deutschen Esser ist es das schrecklichste. Diese Leute verfärben sich grün bei dem Gedanken, sie müssten es essen. So wie ein Japaner beim Anblick eines reifen Saint Félicien, der für ihn nur verfaulte Milch ist.

1 Kalbsbries (die „Nuss"), Meersalz,
Essig, Butter oder Öl

Zugegeben sieht ein Kalbsbries wirklich nicht aus wie eine Person, in die man sich verlieben könnte. Es ähnelt eher einer rosa Qualle. Man bekommt es jedoch nur selten zu Gesicht, weil deutsche Metzger es nicht wagen, Kalbsbries neben Weißwürste in die Auslage zu legen. Vielleicht ist das sogar verboten.

Kalbsbries ist die Thymusdrüse des Kalbs. Sobald es erwachsen ist, verschwindet sie. Von unserem Speiseplan ist sie spätestens verschwunden, als der Rinderwahnsinn die ängstlichen Konsumenten in den Verbraucherwahnsinn trieb. Die Textur eines Bries' gleicht dem Produkt eines Konditors. Sie ist unendlich sanft und zart, durch und durch gleichmäßig, und damit einer Gänsestopfleber vergleichbar, jedoch fast fettlos. Aber während der Koch einer Foie gras mit kräftigen Aromen zu Leibe rückt und für sie die unwahrscheinlichsten Saucen zwischen scharf und süßsauer erfindet, geht er mit einem Bries viel zärtlicher um. Nur bei der Zubereitung gleichen sich beide Edelteile in einem Punkt: Sie müssen äußerst sorgfältig von Häuten und Sehnen gesäubert werden. Beim Kalbsbries ist der erste Schritt immer gleich:

Die Präparation

Ein Bries reicht für zwei bis drei Personen. Achten Sie beim Einkauf darauf, dass der Metzger Ihnen die „Nuss" eines Kalbsbries' verkauft. Das ist der Mittelteil, er ist etwas kompakter als der labberige Rest, der unter uns Feinschmeckern sowieso nicht verwertbar ist. Ein Bries hat nicht nur einen hohen Kilopreis, man kauft unfreiwillig auch viel Abfall mit. Zu Hause merkt man sofort, was man außer der Nuss noch in der Hand hat. Das Geschlabber schneidet man großzügig weg und legt das *Bries* in kaltes Wasser. Das wird von Zeit zu Zeit erneuert, damit eventuelle Blutspuren, die sich im Fleisch verstecken, ausgewaschen werden.

Nun setzt man frisches Wasser auf, gibt 1 gehäuften EL *Meersalz* und 1 großes Glas *Essig* dazu und lässt es kochen. Das provisorisch gesäuberte *Bries* hineingeben und 6 bis 8 Minuten blanchieren. Herausfischen und auf ein Brett legen. Das Bries, jedenfalls sein eigentlicher Korpus, hat seine Größe fast verdoppelt, fällt aber wahrscheinlich auseinander. Helfen Sie ruhig mit dem Messer nach. Sie wollen es sowieso nicht als ganzes, zusammenhängendes Stück braten. Was sonst noch dran hängt (Sehnen, Haut und kleine Fettstückchen), wird radikal weggeschnitten. Übrig bleibt ein (oder mehrere Stücke) schwammiges und hellrosa Kalbsbries. An seiner Vergrößerung wirkten zahlreiche Muskelstränge mit, die durch das Blanchieren aktiviert wurden. Da sie sich später auf dem Teller jedem Messerschnitt widersetzen würden, müssen sie jetzt gebrochen werden. Dafür lege ich ein Holzbrett auf das *Bries*. Früher habe ich es mit einem Gewicht beschwert und über Nacht ruhen lassen. Das ist nicht notwendig, wenn ich mich mit vollem Gewicht für einige Sekunden auf das Brett stütze. Danach ist es platt, das Bries. Ich gehe noch einmal mit einem Messer an seinen Außenseiten entlang und säubere, was eventuell abzuschneiden ist. Nun ist es bratfertig.

Wie jedes zarte und feinfaserige Fleisch wird ein Kalbsbries leicht trocken. Man muss es nur sehr heiß und lange braten. Dann bewahrheitet sich, was seine Gegner ins Feld führen: Es schmeckt ekelhaft. Nämlich mehlig. Doch auch diese Innerei erreicht ihren Idealzustand wie andere Edelteile, wenn sie innen noch leicht rosa und saftig ist. Das bedeutet: äußerste Vorsicht beim Garen!

Braten ist nahe liegend, man kann das Bries auch vorher panieren, dünsten in aromatischer Umgebung empfiehlt sich ebenfalls. In Blätterteig eingebacken oder als Füllung in Ravioli ist mir Kalbsbries eben-

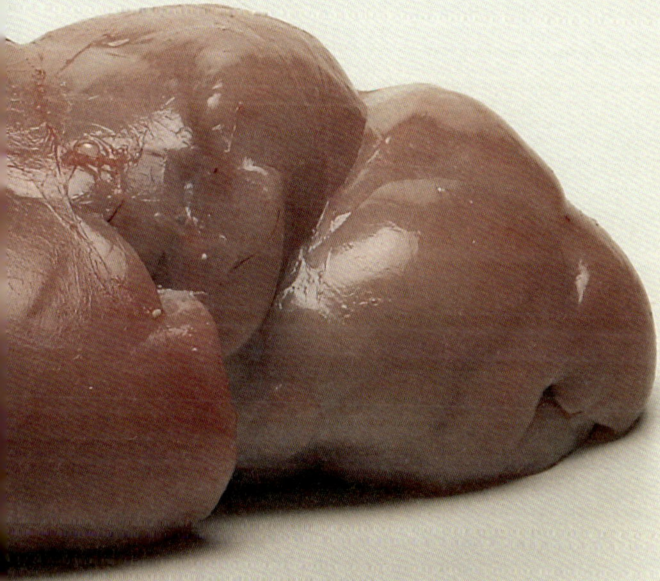

„Kalbsbries – vielleicht das edelste Teil eines vierfüßigen Tieres“

so schon vorgesetzt worden. Auch ein Bries verlangt die bei der Foie gras erprobte Technik, nämlich eine saubere Pfanne und eine sensible Hand. Allein *Butter* oder *Öl* muss ich hinzufügen, bei einer Gänseleber gehört Fett zur Standardausrüstung.

Kalbsbries au Riesling

B*utter* in einer Pfanne heiß werden lassen, das *Bries* von allen Seiten *salzen* und dazulegen. Langsam anbraten, es darf höchstens golden werden wie eine Scheibe Toast. Ist dieser Zustand erreicht (ich rechne mit 10 bis 15 Minuten), mache ich die Druckprobe mit dem Finger. Das Bries darf sich auf keinen Fall fest anfühlen, aber auch nicht mehr wabbelig weich. Herausnehmen und warm stellen.

1 Kalbsbries, Salz, Butter, 1 Glas Süßwein (Riesling Beerenauslese)
Zitronensaft oder Balsamico, Hühnerbouillon, Cayennepfeffer,
getrockneter Estragon

In das Bratfett gieße ich nun 1 Glas *Süßwein*. Im Idealfall eine Riesling Beerenauslese, da die auch eine willkommene Säure mit ins Spiel bringt. Wo das nicht der Fall ist, arbeite ich jetzt (wie immer bei anspruchsvollen Saucen) mit *Zitronensaft* oder *Balsamico*. Und der üblichen *Hühnerbouillon*. Ich pfeffere mit *Cayenne*, zerreibe vielleicht etwas getrockneten *Estragon* und bade geradezu in der Lust, einer Delikatesse ins Leben zu helfen. Der Amateurkoch mit seinem unstillbaren Kreativitätsdrang ist erwacht.

Diesen Trottel in mir, der schon viele Gerichte vermurkst hat, gilt es im Zaum zu halten. Gesichert ist nur eines, dass nämlich, wenn die Flüssigkeit in der Pfanne gewürzt und auf einen kleinen Rest reduziert ist, die obligatorische kalte *Butter* eingerührt wird. Die bindet die Sauce, welche nicht mehr erhitzt werden darf, weil die Butter sich sonst separierte. Entweder lege ich die *Briesstücke* in die Pfanne zurück oder begieße sie mit der Sauce. In jedem Fall habe ich ein Wunderwerk der feinen Küche zustande gebracht.

Kalbsbries Drei Musketiere

Das *Bries* wird präpariert und in einer Pfanne angebraten, wie beschrieben, danach in einen kleinen Schmortopf verfrachtet. Inzwischen habe ich Folgendes vorbereitet: Die Hälfte von 300 g frischen *Champignons* ohne Stiele und 1 mittelgroße *Karotte* in Julienne schneiden, d. h. in feine, kurze Streifen. Zuerst die Karottenjulienne in die Pfanne mit dem Bratensatz geben, eventuell mit etwas zusätzlicher *Butter*. Leicht angehen lassen, dann die Champignonstreifen dazugeben und mitbraten. Nun mit *Cognac*, *Noilly Prat* und *Madeira* (die Drei Musketiere) ablöschen, bei starker Hitze einkochen und über das Bries in seinem Topf schütten.

1 Kalbsbries, 300 g frische Champignons,
1 mittelgroße Karotte, Cognac, Noilly Prat, Madeira, Butter,
Zitronensaft, 3 EL Kalbsfond, 1 Becher Sahne,
1 EL grünen Pfeffer, Salz, evtl. Curry, evtl. Trüffel

Die restlichen *Champignons* vierteln und in 1 EL *Butter* sehr heiß kurz anbraten, so dass sie noch fest bleiben. *Salzen* und mit *Zitronensaft* würzen. Mit einem Schaumlöffel herausheben und zum Bries geben. Den Saft in der Pfanne auf 2 EL einkochen und ebenfalls über das Bries schütten. 3 EL *Kalbsfond* hinzufügen, so dass das Bries bis zur Hälfte in Flüssigkeit liegt. Den Topf verschließen und auf schwacher Hitze 20 bis 30 Minuten köcheln lassen. Von Zeit zu Zeit das *Bries* wenden und *Pilze* und *Karotten* auf seine Oberseite platzieren. Falls die Pilze noch Wasser abgeben, Deckel abnehmen und einkochen, bis die Sauce hellbraun wird (notfalls das Bries vorher herausnehmen). Einen knappen Becher *Sahne* angießen, einkochen lassen und zum letzten Mal mit *Salz* abschmecken. 1 EL *grünen Pfeffer* unterrühren.

Der Knackpunkt bei diesem Rezept ist natürlich der Moment, in dem ich die fast fertige Sauce abschmecke. In dieser Phase können Curryfreunde eine größere Prise des gelben Gewürzes unterrühren. Ideal wäre eine Trüffelbeigabe, wie überhaupt sich Bries und *Trüffel* wunderbar ergänzen. Auch bei dieser Version wäre ein markantes Gemüse unpassend. Wohingegen beim Wein nur wirklich große Gewächse dem Rang eines Kalbsbries' entsprechen. Also Riesling Auslesen,

Chardonnay Grand Crû, Viognier oder ein weißer Châteauneuf-du-Pape.

Diese beiden Beispiele sollten genügen als Einführung in die Kalbsbriesküche. Wer sich bis hierher vorgetastet hat, wird keine Schwierigkeiten haben, die vielen Möglichkeiten zu überblicken, die dieses zarte Organ der Kälber dem praktizierenden Gourmet bietet.

Da gibt es Rezepte, bei denen ein Kalbsbries in feste Scheiben geschnitten und in der Pfanne gebraten wird. Es existieren Versionen, bei denen das pochierte und abgekühlte Bries gespickt wird. Normalerweise mit Speck, aber auch schon mal mit gestiftelten Trüffeln, und Briessuppen gehören zur österreichischen Küche wie Brotsuppen zur toskanischen. Immer aber kommt es darauf an, den Garpunkt genau zu erkennen, weil ein zu lange gegartes Kalbsbries mehlig wird und dadurch seine Delikatesse verliert.

Kutteln

Wie es sich für eine Nation gehört, die im Bewusstsein ihrer kulturellen Überlegenheit noch die ärmlichste Brotsuppe ihrer Vorfahren für Kochkunst hält, fühlt die deutsche sich vom Bösen unmittelbar bedroht. Das Böse in unseren Küchen hat einen Namen. Es heißt Kutteln. Der bei ihrer Erwähnung fällige Aufschrei des Ekels beweist den Grad der Voreingenommenheit, die wir den Essgewohnheiten der Fremden entgegenbringen. Dabei werden im Schwäbischen seit jeher Kutteln gegessen, allerdings in einer gemeinen, von mediokrem Essig bestimmten Billigversion.

Kutteln kochen ist keine Kunst. Kutteln sind köstlich und kosten nicht viel. Von welchem Tier sie stammen, sieht man ihnen nicht an. Sie liegen beim Metzger in der Auslage und sehen aus wie kurze, schmale Bandnudeln. Es gibt Kalbskutteln auf Vorbestellung. Sie tragen den hübschen Namen Fraise de veau, sind aber sehr selten. Ihr Vorzug: Sie sind schon nach zehnminütigem Kochen gar. Sonst unterscheiden sie sich von Rinderkutteln nur wenig.

Kutteln werden normalerweise gesäubert, vorgekocht und vorgeschnitten verkauft. Das bedeutet wenig Arbeit für die Hausfrau. Nur ich mache mir zusätzliche Mühe, weil mir die Kuttelstreifen nicht gut genug geschnitten sind, nämlich nicht gleichmäßig dick und lang, breite ich sie auf dem Küchentisch aus und halbiere alle, welche ich für zu breit halte, der Länge nach. Das ist zugegebenermaßen eine rein ästhetische Frage. Aber gerade bei Innereien hängt deren Akzeptanz stark von ästhetischen Befindlichkeiten ab. Deshalb die etwas mühsame Selektion am Beginn der Arbeit.

Kutteln werden aber auch in großen Stücken verkauft. Diese sehen aus wie eine abgezogene Schafshaut oder, je nach Einstellung, wie das Goldene Vlies. Daraus lassen sich die Streifen genau nach Wunsch schneiden. Das bedeutet nicht einmal mehr Arbeit.

Dass sie vorgekocht sind, erspart mir eine wahrscheinlich unangenehme Arbeit, nämlich das Waschen. Überdies machen die vorgeschnittenen Kutteln ein zusätzliches Wässern nötig. Denn unsere Metzger bekommen die Kutteln bereits vorgeschnitten und in Essigwasser blanchiert. Das mag ich nun gar nicht. Wenn an meine Kutteln Essig soll, was bei manchen Rezepten durchaus zu empfehlen ist, so soll es ein Essig meiner Wahl sein und kein anderer. Also muss der Essiggeschmack verschwinden. Deshalb das kurze Abspülen unter fließendem Wasser. Dann sind die Kutteln aber kochfertig.

„Kutteln – das Böse in unserer Küche hat einen Namen“

Kutteln provenzalisch

Sie sind zwar blanchiert, also vorgekocht, aber noch lange nicht weich. Deshalb müssen sie fertig gekocht werden, was bis zu einer Stunde dauern kann. Dazu gieße ich 1 Tasse *Olivenöl* in einen passenden Topf und werfe 1 kg *Kutteln* hinterher. Da sie feucht sind (erstens sowieso und zweitens vom Wässern) zischt das heiße Öl unwillig. Das kümmert mich wenig. Ich rühre im Topf herum, und wenn ich merke, jetzt setzen sie an, lösche ich mit 1/2 l trockenem *Weißwein* ab. Dann zermörsere ich 2 getrocknete *Chilis*, 1/2 TL *Korianderkörner* und 1 TL *Meersalz* gemeinsam und streue sie über die Kutteln. Ein Zweig *Thymian* und 3 *Lorbeerblätter* vertreten die Provence. Nun brauche ich 1/2 l *Kalbsbrühe* und 1 Handvoll *grüne Oliven* mit Stein. Letztere entkerne ich und mische sie mit der Brühe unter die Kutteln. Achtung: Nie entsteinte Oliven verwenden! Die haben nicht nur keinen Kern, sondern auch keinen Charakter mehr. (Wenn ich rustikal gestimmt bin, werfe ich die Oliven auch mit ihrem Stein ins Essen.)

1 kg Kutteln, Olivenöl, 1/2 l trockener Weißwein,
2 getrocknete Chilis, 1/2 TL Korianderkörner, 1 TL Meersalz,
1 Zweig Thymian, 3 Lorbeerblätter, 1/2 l Kalbsbrühe,
1 Handvoll grüne Oliven mit Stein, Tomaten
dazu: halbmehlige Kartoffeln

Die Kutteln müssen mit Flüssigkeit knapp bedeckt sein. Deckel drauf und köcheln lassen. Manchmal sind sie bereits nach 30 Minuten gar. Von Zeit zu Zeit rühren und eventuell *Wein* oder *Brühe* nachgießen. Inzwischen habe ich enthäutete und entkernte *Tomaten* gewürfelt, das berühmte Tomatenkonkassee. Das wird so trocken wie möglich unter die Kutteln gemischt, wenn diese gar sind, und erhitzt. Das ist schon alles.

Natürlich entsteht so ein Kutteltopf nicht quasi von selbst, wie sich das hier liest. Immer wieder muss ich den Deckel lüpfen, den Garzustand überprüfen und abschmecken. Scharf dürften die Kutteln bei 2 Chilis schon sein (für drei bis vier Personen), aber *Salz* ist ebenfalls wichtig. Und die Lorbeerblätter sollen auch nicht spurlos im Suppentopf untergehen.

Ja, suppig muss es sein, dieses Kuttelgericht. Denn die verhassten Innereien haben die willkommene Eigenschaft, beim Schmoren einen sehr aromatischen, köstlichen Saft mit einer enormen Gelierfähigkeit zu entwickeln. Und um diesen richtig genießen zu können, esse ich dazu halbmehlige *Kartoffeln*.

Die Kutteln werden in Suppentellern serviert und mit fruchtigem *Olivenöl* begossen. Jetzt sieht das Ganze aus wie ein Teller voll Nudeln. Aber ich behaupte, dass kein Nudelgericht so gut schmeckt wie diese Kutteln. Außerdem sehen sie richtig hübsch aus, mit ihren grünen und roten Einlagen.

Kutteln mit getrockneten Morcheln

Dieses Rezept beginnt wie das vorige. Lediglich die *Morcheln* verändern den Arbeitsablauf. Sie sollten als Erstes behandelt werden. Das heißt, mindestens 30 g einige Stunden einweichen. Dann unter fließendem Wasser sehr gründlich waschen. Das Einweichwasser aufheben.

1 kg Kutteln, mind. 30 g Morcheln, Butter, Portwein,
Salz, Pfeffer, Zitronensaft, 1 Tasse Olivenöl,
1/2 l Savagnin oder Vin jaune oder evtl. Fino Sherry,
2 getrocknete Chilis, 1/2 TL Korianderkörner, süße Sahne,
Salatkartoffeln

In einer Sauteuse werden die *Morcheln* in *Butter* angebraten, was lediglich bewirkt, dass ihr Waschwasser verdampft. Dann werden sie mit *Portwein* abgelöscht, leicht *gesalzen* und bekommen *Zitronensaft* auf die Köpfe. Ich gieße weiteren Portwein hinzu und schütte das Einweichwasser sehr vorsichtig (Achtung Sand!) in die Sauteuse und lasse alles ca. 40 Minuten sanft köcheln, bis kaum noch Flüssigkeit im Topf ist. So viel zu den Morcheln.

Nun bearbeite ich die vorbereiteten Kutteln wie gehabt. Aber zum Ablöschen nehme ich 1/2 l *Savagnin* oder *Vin jaune* aus dem französischen Jura. Das ist etwas ganz Spezielles und kann in Notfällen durch einen *Fino Sherry* ersetzt werden. *Gesalzen* und *gepfeffert* wird eher normal, *Zitronensaft* muss aber auch diesmal sein. Und immer wieder mal rühren und abschmecken. Dann beginnt, ca. 15 Minuten bevor die Kutteln richtig weich sind, die Phase der Verfeinerung. Dazu schäle und schneide ich in kleinere Würfel einige *Salatkartoffeln* (La Ratte o. ä.). Die mische ich unter die Kutteln und gieße noch so viel *süße Sahne* an, dass der Topfinhalt annähernd bedeckt ist.

In diesem frivolen Kuttelsaft werden die Kartoffeln gar gekocht. Dann endlich kommen die *Morcheln* ins Essen. Sie sind ja bereits gar und gewürzt, müssen also nur noch mit den anderen Bestandteilen dieses Kutteltopfes heiß werden. Zum letzten Mal wird abgeschmeckt, und von nun an dauert es kaum länger als eine Minute, bis die Esser in geziemenden Jubel ausbrechen.

Champagnerkutteln

Der Titel klingt verheißungsvoll, dabei weiß jeder erfahrene Amateur, dass Champagner im Essen bestenfalls etwas Schaum zurücklässt, darüber hinaus aber nichts bewirkt, was ein anständiger Weißwein nicht auch könnte. So ist denn auch der Clou dieses Gerichts nicht der Schaumwein, sondern eine Zutat, die wie dieser für Luxus steht: *Foie gras*. Das deutet auf eine Vorspeise hin, und um die handelt es sich auch.

Kutteln (150 g pro Person), 1 Tasse Olivenöl,
1/2 l trockener Weißwein, 2 getrocknete Chilis,
1/2 TL Korianderkörner, 1 TL Meersalz,
1 Lorbeerblatt, 1 TL Zitronenzesten, Champagner (zum Ablöschen),
1 Scheibe einer fertigen Terrine Foie gras (pro Person 50 g),
süße Sahne, schwarzer Pfeffer

Die *Kutteln* werden wie beschrieben zubereitet, wobei ich mir Mühe gebe, sie noch feiner zu schneiden. Also in fast so dünne Streifen wie Spaghetti. Das ist mühsam und geht am besten, wenn ich sie nicht bereits vorgeschnitten kaufe, sondern als Goldenes Vlies.

Ich will nichts beschönigen. Der Begriff Vlies ist zwar poetisch, beschreibt ein großes Kuttelstück aber nicht genau. Es hat viel mehr Ähnlichkeit mit einer Gummimatte, wie man sie in Badewannen legt, damit man unter der Dusche nicht ausrutscht. Wäre es dunkelgrau statt hellgelb, könnte man es auch für ein Stück eines LKW-Reifens halten, wie es manchmal auf der Autobahn herumliegt. Aber die geschmackliche und ästhetische Überlegenheit der aus dem großen Lappen selbst geschnittenen Kutteln ist so überzeugend, dass ich dafür einen weiten Umweg mache.

Also in Streifen schneiden und anbraten wie üblich. *Lorbeerblatt* und 1 TL *Zitronenzesten* dazu und mit *Champagner* ablöschen. Für eine Vorspeise werden weniger Kutteln gebraucht, nämlich ca. 150 g pro Portion.

Was die *Foie gras* angeht, so kaufe ich eine Scheibe von einer fertigen Terrine (pro Person 50 g) und schneide sie in kleine Würfel. Die werden erst kurz vor dem Servieren untergemischt. Sie dürfen heiß werden, aber nicht schmelzen. Kurz vorher habe ich noch einmal abgeschmeckt und etwas *Sahne* und wahrscheinlich schwarzen *Pfeffer* angeschüttet. Jeder professionelle Koch würde abschließend noch ein Glas Champa-

gner über die Kutteln gießen, weil das so schön schäumt. Ich bringe diesen Kitsch nicht übers Herz. Es schmeckt auch so ganz köstlich.

Kutteln mit Chorizo und Lauch

Die Basis dieser Kuttelvariation ist das Rezept für Kutteln mit Morcheln. Doch statt der getrockneten Pilze sind es hier klein gewürfelter *Lauch* und ebenso kleine Würfel der spanischen Paprikawurst *Chorizo*. Beide sollten von Anfang an mitgekocht werden; später kommen dann – wie bei den Morcheln – gewürfelte *Kartoffeln* und *Sahne* hinzu.

1 kg Kutteln, Lauch, Chorizo, Butter,
Portwein, Salz, Zitronensaft, 1 Tasse Olivenöl,
1/2 l Savagnin oder Vin jaune oder evtl. Fino Sherry,
2 getrocknete Chilis, 1/2 TL Korianderkörner,
1 TL Meersalz, Zitronensaft,
Salatkartoffeln, süße Sahne

Einmal mit der Technik des Kuttelkochens vertraut geworden, wird der neu gewonnene Kuttelfreund unzählige Versionen ausprobieren, weil Experimente mit den Kaldaunen risikofrei sind. Man kann sie mit allem kombinieren, was gerade zur Hand ist, ob Paprika, Karotten oder Sellerie, mit Räucherwürsten und frischen Champignons, ebenso wie Curry, Safran, Kümmel und eingemachte Zitronen zur Aromatisierung bereit stehen.

In der deutschen und österreichischen Küche gibt es einige Rezepte auf Kuttelbasis, die als Kuttelfleck bezeichnet werden. Dabei handelt es sich um nicht in Streifen, sondern in größere Stücke geschnittene Kutteln. Allein diese Abweichung von den (möglichst fein) geschnittenen Pansen wirkt auf die Esslust (jedenfalls auf meine) negativ. Die Lappen sind mir zu groß, sie wirken grob und undelikat. Diese Wirkung verstärkt sich bei einem Gericht aus der Lyoneser Küche, den Gras double. Dabei werden größere Kuttelstücke überbacken, was nun vollends an die Primitivküche des Mittelalters erinnert. Vielleicht gibt es irgendwo einen französischen Koch, der auch Gras double so hinbekommt, dass sie mir gut schmecken. Aber ihn habe ich noch nicht entdeckt.

Nieren vom Kalb, Lamm und Kaninchen

Auch die gehören allesamt zur feinen Küche. (Deshalb wird das Schwein erst später erwähnt.) Kalbsnieren müssen unbedingt frisch sein, und zwar sehr frisch. Deshalb kaufe und brate ich sie, wenn sie frisch vom Schlachthof kommen. Niemals einfrieren! Es gibt eine Version der Kalbsniere, die ich bisher nur in französischen Spitzenrestaurants gegessen habe, das ist die im Ganzen, in ihrem Fettmantel gebratene Niere. Ein Genuss sondergleichen, den ich in meiner Privatküche leider kaum realisieren kann, weil der Verkauf solcher Nieren in Deutschland verboten ist. Wieder einmal steht zwischen einem Produkt und seinem Genuss die Bürokratie.

„Lammnieren – wer sich daran wagt, braucht Mut“

Niere vom Milchkalb in ihrem Fett

Endlich habe ich doch einmal eine Kalbsniere in ihrem Fettmantel gefunden. Selbstverständlich nicht in Deutschland. Diese rare Delikatesse fällt keinem unserer Metzger in die Hände, weil fleißige Veterinäre bereits auf dem Schlachthof nachsehen, ob unter dem Fett nicht eine Bombe versteckt ist.

1 Kalbsniere im Fettmantel, grobes Meersalz, grauer Pfeffer,
dazu je nach Jahreszeit: frische Erbsen, Steinpilze, Blumenkohlröschen
mit Safran und Kartoffelpüree

Die Fettschicht um eine *Kalbsniere* ist gigantisch. Der Klumpen, den ich im Elsass gekauft habe, war nur wenig kleiner als ein Fußball. An einigen Stellen entdeckte ich Spuren vom Küchenbeil. Wäre er gelb gewesen und nicht weiß, hätte er aus der Werkstatt eines Holzschnitzers stammen können, der daraus einen Christuskopf schnitzen wollte.

Ich ließ den Klumpen, wie er war, und legte ihn in eine passende Form mit hohem Rand. Die stellte ich in den auf 200 Grad vorgeheizten Ofen. Nach 30 Minuten kontrollierte ich meinen Schatz. Er stand knöcheltief in flüssigem Fett, das heißt zwei Finger hoch. Und er war jetzt leicht hellgelb, aber an einen Holzklumpen erinnerte er nicht mehr. Ich drehte ihn herum und bestreute ihn mit 1 EL grobem *Meersalz*. Nach weiteren 30 Minuten hatte ich das Gefühl, er müsste jetzt reif sein. Tatsächlich hatte er erheblich an Umfang verloren. Ich hob ihn aus seinem kochenden Fettbad und legte ihn auf ein Tranchierbrett.

Würde die kleine Niere richtig gar sein? Also rosa und zart? Oder hatte ich meinen Schatz zu lange der Hitze ausgesetzt? Dafür, dass es das erste Mal war, blieb ich merkwürdig gelassen. Ich setzte das Messer an und schnitt wie vom ungefügen Bauernbrot eine Scheibe ab. Sie war zu dünn und bestand nur aus schneeweißem Fett. Also noch einmal das Messer ansetzen. Diesmal geschah das Wunder: Vor mir lag eine fast handtellergroße Scheibe reinsten Fetts, in dessen Mitte hellbraun und rosa die typische Rosette einer Kalbsniere steckte, in perfektem Zustand und deshalb wunderschön anzusehen. Noch am Herd in meiner Küche griff ich hastig nach etwas grauem *Pfeffer* und *Salz*, und

die seltene Köstlichkeit schmolz auf meiner Zunge. Ich dachte flüchtig daran, wie viel von dem delikaten Fett ich vertragen könnte und dass ein anschließender Schnaps wohl nötig sein würde.

Innerhalb weniger Minuten blieben nur noch dicke Fettreste zurück. Die kleine Niere reichte nicht einmal für zwei Personen, und der Schnaps war keineswegs nötig.

Zu der Klarheit dieser Delikatesse wäre jede aufwändige Beilage unpassend. Deshalb: frische *Erbsen*, wenn es Sommer ist; zwei Scheiben gebratener *Steinpilz* im Herbst; und im Winter *safranisierte Blumenkohlröschen*. Ein *Kartoffelpüree* nicht vergessen.

Viele Esser, die unter der Igitterei-Phobie leiden, wissen dennoch zu unterscheiden zwischen den einzelnen inneren Werten. Eine Kalbsleber wird leichter akzeptiert als die Nieren, obwohl Letztere genau so oft verkauft werden. Wobei nicht gesichert ist, wer Kalbsnieren wirklich gerne isst. Die Leber steht auf vielen Speisekarten bürgerlicher Restaurants; die Nieren werden wohl von ihren Liebhabern zu Hause gebraten.

Der Kalbsbraten à la Wellington ist eine Methode, mit der skeptische Esser an den Geschmack der Kalbsniere gewöhnt werden können, ohne dass ihnen auffallen müsste, was das ist, das da so interessant schmeckt.

In diesem Fall sind Kalbsnieren kein Hauptgericht, sondern ein Detail davon. Wie als Einlage in einem Rollbraten, dem so genannten Kalbsnierenbraten, übernimmt die Kalbsniere auch hier die Rolle der Anreicherung durch Diskretion. Das bedeutet ihr Verzicht auf effektvolle Selbstdarstellung. Effektvoll ist lediglich ihr Anteil am Aroma der Speise. Und bei der handelt es sich um nichts anderes als um einen Festschmaus.

Kalbsbraten à la Wellington

Der Name des englischen Feldherrn verweist auf das gleichnamige Rinderfilet. Und tatsächlich ist dieser *Kalbsbraten* nach dem gleichen Prinzip gemacht. Das Stück Fleisch wird angebraten, gewürzt und in *Blätterteig* eingewickelt, worauf es im Ofen gegart wird.

Beim original Filet Wellington ist das Entscheidende nicht das Rinderfilet, das da in einen Blätterteig eingewickelt wird, sondern die Duxelles und die Foie gras, mit der das Fleisch bestrichen wird, bevor es in seinen Teigmantel gesteckt bzw. dieser um das Fleisch gewickelt wird.

Kalbsbraten, Blätterteig
für die Duxelles: 4 EL Kalbsnierenwürfel, 4 EL gehackte Champignons,
1 1/2 EL gehackte Schalotten, Butter, Tomatenmark,
Salbeiblätter, schwarzer Pfeffer, Salz, 1 kleines Glas Congnac,
Korianderkörner aus der Pfeffermühle,
Curry, geriebener Meerrettich

Diese äußerst delikate Schicht sollte bis zu 1 cm dick sein. Nur dass sie im Fall eines Kalbsbratens keine Foie gras enthält, dafür aber klein gehackte *Kalbsnieren*!

Es gibt also viel zu hacken: Zuerst die *Champignons* und die *Schalotten* für die Duxelles; dann die *Nieren*. Diese werden, ohne ihr Fett und, wo es notwendig ist, enthäutet in dünne Scheiben geschnitten. Diese wiederum in schmale Streifen. Den in der Mitte sitzenden Fettkern entferne ich nicht vollständig, wie das bei gebratenen Nieren geschieht, sondern zerlege auch ihn zusammen mit den Streifen in kleine Würfel. Insgesamt sollte das Hacken und Schneiden 4 EL kleine Nierenwürfel ergeben.

Für die Duxelles brauche ich ebenso viele gewürfelte *Champignons* und 1 1/2 EL sehr fein gehackte *Schalotten*. Beide werden mit *Butter* und etwas *Tomatenmark* zusammen in einer Pfanne angebraten. Gewürzt wird mit zerhackten *Salbeiblättern*, *schwarzem Pfeffer* und *Salz*. Sollten die Pilzwürfel zu viel Wasser ziehen, die Hitze erhöhen und reduzieren. Zum Schluss kommt noch 1 kleines Glas *Cognac* hinzu.

Bis auf die fein gehackten Nieren (welche austrocknen würden) kann ich die Duxelles am Vortag zubereiten. Ich habe sie natürlich abgeschmeckt unter Berücksichtigung, dass sie auf dem Fleisch unter dem Teigmantel schon sehr aromatisch auftreten muss, um zu wirken. Also zusätzlich vielleicht mit *Korianderkörnern* aus der Pfeffermühle würzen, eventuell mit *Curry* oder mit geriebenem *Meerrettich*. Jetzt erst werden die rohen *Nierenwürfel* untergemischt. Mit dieser Masse wird das Fleisch bestrichen und danach in einen Teigmantel gewickelt. Am besten eignet sich *Blätterteig*, der aber unten auf dem Boden des Backofens liegen sollte, damit er unter dem Gewicht des Bratens überhaupt aufgehen kann.

Wie lange nun dieser Kalbsnierenbraten im Ofen garen muss, damit er innen noch rosa ist, das hängt vom Backofen ab, von der Größe des Bratens und auch von der Qualität des Blätterteigs. Die winzigen Stücke von der Kalbsniere werden in jedem Fall gar.

Kalbsniere in Senfsauce

Hier haben wir es mit einem Klassiker der bürgerlichen (französischen) Küche zu tun. Auch in deutschen Restaurants ist sie nicht gerade selten, sofern der betreffende Küchenchef unter seinen Stammgästen ein paar Liebhaber dieser Leckerei weiß.

1 Kalbsniere genügt für zwei Personen, da kleinere Exemplare auch ohne Fettschicht nie in den Handel kommen. Die lassen sich die lokalen Küchenchefs reservieren.

(für 2 Personen)
1 Kalbsniere, schwarze Pfefferkörner, 1 Glas trockener Weißwein,
Salz, 1 Tasse süße Sahne, 2 TL Senf, Zitronensaft, Tomatenmark, Curry
dazu: Kartoffelpüree, Reis oder Nudeln und leicht süßlich glasierte Karotten
oder in Wein gedünsteter Lauch

Die *Niere* wird von äußerlichen Fett- und Hautresten gereinigt. Dann in Scheiben geschnitten. Wie aber entferne ich den wie eingeklemmt sitzenden Fettstreifen in der Mitte der Niere? Wenn schon ohne Fett, dann aber auch wirklich ohne!

Dieses Problem ist eigentlich keines, da es sich in der Praxis wie von selbst erledigt. Ist die Niere groß genug, also auch breit, teile ich sie der Länge nach in zwei Stücke, so dass ich das Fett bequem abschneiden kann. Ist sie dagegen klein und schmal, schneide ich sie, ohne sie zu teilen, in Scheiben. Bei diesen sitzt das Fett am unteren Rand in der Mitte. Ich entferne es mit dem Messer oder, besser noch, mit einer Schere. Das ist das Schicksal der Kalbsniere: Wenn sie nicht im eigenen Fettmantel gebraten wird, kommt sie scheibchenweise in die Pfanne. Die Scheiben können sehr dünn sein. Ich bevorzuge sie mit einer Dicke von 1 cm, weil man dann beim Draufbeißen das Gefühl hat, welches bei Spaghetti so beliebt ist: al dente. Die halbrunden Endstücke dürfen auch 2 cm dick sein, das ermöglicht es mir, sie von außen braun anzubraten, während sie im Innern noch saftig sind. Das braune Äußere brauche ich für die Sauce, die wegen der kurzen Bratzeit ohnehin nicht viel Gehalt mitbekommt. Deshalb wird die klassische Variante mit Senfsauce angereichert. Und zwar folgendermaßen:

Haben die Nierenstücke in der Pfanne den mir gefälligen Garzustand erreicht, bestreue ich sie mit geschroteten schwarzen *Pfefferkörnern* und schiebe sie aus der Pfanne auf einen Teller, welchen ich zugedeckt in den warmen Backofen stelle. In die Pfanne, auf den Bratensatz, gieße ich nun 1 Glas trockenen *Weißwein* und *salze*. Ich schalte die Hitze höher und gieße 1 Tasse süße *Sahne*, in die ich 2 TL *Senf* verrührt habe, in die jetzt stark kochende Saucenbasis.

Von nun an nimmt alles seinen gewohnten Lauf beim Saucenfinish. Etwas *Zitronensaft* kommt dazu, etwas *Tomatenmark*, vielleicht 1 Prise *Curry*, vielleicht noch etwas *Senf* und *Salz* – dies ist die Phase des Abschmeckens, des Experimentierens und der Gewissheit, dass ich es in wenigen Sekunden geschafft habe. Wenn die Sauce schön scharf und etwas eingedickt ist, kippe ich die warm stehenden *Nieren* mit dem Saft, der sich unter ihnen gebildet hat, in die Pfanne. Fertig.

Dazu passen wieder *Kartoffelpüree*, *Reis* oder *Nudeln*. Auch beim Gemüse mache ich keine Experimente. Leicht süßlich glasierte *Karotten* sind ideal oder in Wein (ohne Sahne!) gedünsteter *Lauch*. Auch beim Wein wiederholt sich alles: Entweder kräftige, trockene Weißweine aus der Pfalz oder ein Spätburgunder vom Kaiserstuhl.

Kalbsnieren gehören nicht überall zu den Igittereien. Sogar in England sind sie populär, allerdings in einer Speise, die zum katastrophalen Ruf der englischen Küche beigetragen hat: Steak and Kidney Pie.

Dafür werden gewürfelte Kalbsnieren zusammen mit Rindfleischstücken in einer Teigpastete gegart. Nicht nur, weil diese meistens mit Nierenfett gebacken wird, sondern vor allem, weil die Pastete erst aus dem Ofen geholt wird, wenn der Teig richtig gar ist. Dann aber sind die darin eingeschlossenen Fleischstücke bereits trocken, und die Nieren haben sich in Hartgummi verwandelt. Nicht ganz unverdient hat dieses typisch englische Gericht bei mitteleuropäischen Feinschmeckern einen Ruf wie die gebratenen Hunde der chinesischen Küche.

„Kalbsniere – gehört zur feinen Küche“

Kalbsniere mit Champignons

Irgendwie sehen sie verwandt aus, die Scheiben von der Niere und jene von Champignons. Vor allem wenn man sie gleichmäßig dünn schneidet. Und sogar der leicht knackige Biss ist bei beiden ausgeprägt und trägt zum Charakter der Speise bei.

(für 2 Personen)
1 Kalbsniere, 2 EL fein gehackte Schalotten,
2 EL Butter, Champignons, Salz, Pfeffer, Zitronensaft, Calvados
dazu: Salzkartoffeln oder Toastbrot

Dieses Gericht kommt ohne Senf und Sahne aus, dafür brauche ich 2 EL fein gehackte *Schalotten*. Die lasse ich langsam in 2 EL *Butter* angehen. Nach 5 Minuten drehe ich die Hitze höher und schütte die vorbereiteten Pilze in die Pfanne. Die *Champignons* habe ich in ziemlich dünne Scheiben geschnitten, so dass sie ihre Form beibehalten, doch den Stiel habe ich entfernt. Sie werden in der Pfanne kräftig *gesalzen* und *gepfeffert*, mit etwas *Zitronensaft* beträufelt – und vom Herd genommen. Ob ich jetzt eine neue Pfanne nehme oder die alte mit den Pilzen für die *Nieren* freimache, ist egal. Letztere werden genau wie die Champignons dünn geschnitten, angebraten und gewürzt. Dann vereinigen sich beide Parteien in einer Pfanne und werden mit *Calvados* abgefackelt. Wenn die Flamme erlöscht, werden sie mit *Salzkartoffeln* serviert oder, so es eine kleine Vorspeise sein soll, auf *Toastscheiben* gehäufelt.

Gewürfelte Kalbsniere

Die Bissfestigkeit einer Champignonscheibe unterscheidet sich von der einer Kalbsniere kaum. Sogar überhaupt nicht, wenn ich die Niere nicht in Scheiben schneide, wie soeben beschrieben, sondern sie in kleine Würfel zerlege. Das ist der Ausgangspunkt für ein paar pfiffige Variationen der Kalbsniere.

Kalbsnierenwürfel (pro Portion 3 EL),
Butterschmalz oder Öl, Curry oder Paprika oder im
Mörser zerriebener Kümmel, Salz, Pfeffer
dazu: Apfelsauerkraut und süße Beerenauslese,
Kalbs- oder Hühnerbrühe bzw. Bier
oder Sahne mit Senf, Wintergemüse

Eine Niere ist allerdings kein Stück Speck, sie lässt sich nicht leicht würfeln, sondern erschwert dem Hobbykoch das Leben, indem sie ihm aus den Fingern rutscht, um dem Messer zu entkommen. Natürlich erreichen wir unser Ziel, weil wir nicht hektisch arbeiten und uns nicht mit groben Brocken für den Gartengrill zufrieden geben.

Wir zerteilen die Niere, bis pro Portion 3 EL *Nierenwürfel* übrig bleiben. Ein Vorteil (in den Augen konservativer Esser) liegt darin, dass sich beim Kleinwürfeln jeglicher Fettansatz aus der Mitte der Niere leicht entfernen lässt.

Das sorgfältige Zuschneiden der Niere in möglichst gleichmäßig kleine Würfel gestattet es dem Koch, sie in sehr heißem Fett zu braten. Also entweder in *Butterschmalz* oder *Öl*.

Bis es aber soweit ist, streue ich über die gewürfelte Niere ein pulverisiertes Gewürz. Das kann *Curry* sein oder *Paprika* oder *Kümmel*, den ich vorher im Mörser zu Pulver zerrieben habe. Je nachdem, welches Aroma meiner Stimmung entspricht. Zusätzlich wird das Nierenhack *gesalzen* und *gepfeffert* (was sich beim Curry erübrigt). Dieses fertig gewürzte Fleisch kommt nun in die Pfanne mit dem sehr heißen Fett, wird geschüttelt und gewendet und dann abgelöscht. Das dauert nur wenige Minuten. Die angeschüttete Flüssigkeit hat naturgemäß großen Einfluss auf das fertige Produkt. Will ich dazu *Apfelsauerkraut* servieren, ist eine süße Beerenauslese ideal. *Kalbs-* oder *Hühnerbrühe* passt zu fast allen bürgerlichen Kombinationen, und wer sich ein *Wintergemüse*

zu diesen Nierenwürfeln vorstellt, kann es sogar mit *Bier* versuchen, während *Sahne* mit *Senf* klassisch und wenig originell ist.

Kreative Variationen ergeben sich bei klein gehackten Kalbsnieren automatisch, wenn man sich vorstellt, es handele sich um Champignons. Was diesen knackigen Zuchtpilzen gut bekommt, schmückt auch eine Portion Kalbsnieren.

Lammnieren

Wer einen Pfannkuchen backen will, braucht eine gute Pfanne, für eine Bratwurst genügt ein Grill, doch wer sich an eine Portion Lammnieren wagt, braucht Mut. Denn Lammnieren sind für viele Esser zwischen Rhein und Oder eine unvorstellbare Zumutung. Nieren sowieso, und jetzt auch noch vom Lamm – ja wo sind wir denn? Auf der Schwelle zum besseren Essen, heißt meine Antwort.

Doch um das zu glauben, muss man sie ausprobieren, die Lammnieren. In der folgenden Version haben sie eine Chance, sich für immer beliebt zu machen.

Lammnieren (pro Person 2 bis 3 Stück),
grobes Meersalz, schwarzer Pfeffer, Butter oder Olivenöl,
1 EL sortenreiner Honig, Balsamico-Essig
dazu: Reis

Lammnieren gibt es auf Bestellung beim normalen Metzger; wahrscheinlich aber hat sie sein türkischer Kollege vorrätig. Pro Person genügen 2 bis 3 Stück. Sie sind nur wenig größer als Kaninchennieren, aber nicht so hell. Sie haben eventuell noch eine dünne Haut, die ziehe ich ab. Dann schneide ich die *Nieren* in 3 schräge Scheiben. Ich bestreue sie mit meiner gemörserten Mischung aus grobem *Meersalz* und schwarzem *Pfeffer*. Dann kommen sie ohne weitere Umstände ins heiße Fett. Ob ich sie in *Butter* brate oder in *Olivenöl* hängt eher vom Ort und der Jahreszeit ab, als dass es eine verbindliche Regel gäbe. Nehmen wir also Öl. Das kann ich stärker erhitzen als Butter, was die Sache erleichtert. Die Nierenscheiben dürfen außen braun sein, sollten aber (wie alle Nieren) innen noch einen rosa Kern haben. Ist dieser Zustand erreicht, parke ich sie in einer kleinen Schüssel. Zum Bratensatz in der Pfanne gebe ich nun 1 EL *Honig*, möglichst sortenrein (Lavendel, Linde, Akazie, Rosmarin). Der Honig soll in der heißen Pfanne karamellisieren, was er ungern tut. Also schütte ich ihm etwas *Balsamico-Essig* über den Corpus und rühre, bis sich in der Pfanne eine sirupähnliche, würzige Sauce befindet. Dahinein lege ich die *Nierenstücke* zurück mitsamt ihrem Saft, der sich unter ihnen gesammelt hat. Eine Bissprobe sagt mir, dass hier auf eine einfache Art eine außergewöhnliche Speise entstanden ist.

Ich serviere sie zusammen mit *Reis* (nie mit Kartoffeln, Nudeln nur im Notfall), und die skeptischen Tischgenossen sehen ein, dass ihre Vorurteile wieder einmal fehl am Platze waren. Und ich freue mich auf den Syrah aus Australien oder dem Rhônetal.

Lammnieren mit grobem Senf

Alles beginnt wie beim vorigen Rezept. Nur dass ich in der Pfanne zuerst 3 fein gehackte *Schalotten* in reichlich *Butter* anschwitzen lasse. In dem Moment, wenn ich die *Nierenscheiben* in die Pfanne gebe, bekommen sie neben *Pfeffer* und *Salz* auch 1 EL groben *Senf* mit auf den Weg, den ich sofort verrühre. Dazu nehme ich den Saft 1/2 *Zitrone*.

Lammnieren (pro Person 2 bis 3 Stück),
3 Schalotten, Butter, grobes Meersalz, schwarzer Pfeffer,
1 EL grober Senf, Saft 1/2 Zitrone, 1/8 l süße Sahne

Grober Senf ist erkennbar an den vielen Senfkörnern, die er enthält. Aber es darf kein süßer Senf sein, wie er in Bayern für Weißwürste gebraucht wird. Sollte es sich um eine sehr milde Variante handeln, werde ich die Menge erhöhen. Denn jetzt, da die Scheibchen Farbe angenommen haben, gieße ich 1/8 l süße *Sahne* dazu. Einkochen lassen, abschmecken und nachwürzen – und fertig sind die Lammnieren. Zu denen ich in diesem Fall die leicht firne Spätlese eines Pfälzer Rieslings bevorzuge.

Kaninchennieren mit Knoblauch

Kaninchennieren sind so klein, dass man sie auf einmal in den Mund stecken könnte. Das traut sich aber nicht einmal meine Katze. Allenfalls Straßenhunde vergessen ihre Tischmanieren angesichts der niedlichen Organe.

Ansonsten ist alles wie gehabt: Die kleinen *Nieren* in Scheiben schneiden, Fett entfernen und in einem *Öl-Butter-Gemisch* anbraten. Mit geschrotetem schwarzen *Pfeffer* und *Meersalz* würzen. *Knoblauch* enthäuten und mit dem Messer in sehr dünne Scheiben schneiden. Die streue ich über die Nieren, welche jetzt in der Pfanne zum ersten Mal gewendet werden. Einige Tropfen *Zitronensaft* darüber träufeln, dann 3 EL *Cognac* anschütten und flambieren.

Kaninchennieren, Öl, Butter, schwarzer Pfeffer,
Meersalz, Knoblauch, Zitronensaft, 3 EL Cognac
für die Soße: Weißwein und evtl. Sahne
oder: Fond brun und Balsamico-Essig

Ist die Flamme erloschen, wird der Pfanneninhalt auf einen Teller geschoben und der Bratensaft in eine Sauce verwandelt. Esse ich nur getoastetes Graubrot dazu, muss es keine ausgewachsene Sauce sein, da genügt kurzes Reduzieren bei großer Flamme. Sollen die Nieren jedoch einem Risotto beigelegt werden oder einer Portion dünner Nudeln, dann greife ich zum *Weißwein* und eventuell auch noch zur *Sahne*, wobei ich beide stark einkochen lasse, bevor ich die *Niere* in die Pfanne zurückschütte. Noch besser, weil für jede Version gut geeignet, ist das Arbeiten mit einem steifen *Fond brun*, der abschließend mit etwas *Balsamico* verfeinert wird.

Pferdefleisch

Schließlich gibt es ein Produkt, das bei uns noch stärker tabuisiert ist als alle Innereien, über die hier berichtet wurde: Pferdefleisch.

Wer bereits vor zwanzig, dreißig Jahren nach Frankreich reiste, wird sie nicht übersehen haben, die Pferdemetzger in der Nähe der städtischen Markthallen. Ihre einheitlich rot gestrichenen Ladenlokale mit dem über dem Schaufenster prangenden, goldenen Pferdekopf gehörten zur französischen Folklore. Heute findet man sie sogar in Paris nur noch selten. Möglicherweise haben Reitsport treibende Damen in Brüssel ihre Frauenpower für eine verringerte Pferdequote eingesetzt.

Irgendwann in ihrer Geschichte haben alle europäischen Völker Pferdefleisch gegessen – und wenn es die Kadaver waren, welche nach einer Schlacht vor den Stadtmauern lagen. So geschah es vor fast fünfhundert Jahren bei Verona. Noch heute künden davon Speisekarten der lokalen Gastronomie, auf denen einige Gerichte mit „di cavallo" bezeichnet werden.

In Deutschland findet man Pferdemetzger vielleicht noch in Großstädten, oft ist dort nur ein einzelner in der Lage, die Nachfrage der wenigen Liebhaber nach dem mageren Fleisch zu befriedigen.

Warum es in der Bevölkerung so starke Vorurteile gegen Pferdefleisch gibt, ist im Grunde rätselhaft. Denn äußerlich ist ein Stück Pferdefleisch von einem Stück Rindfleisch kaum zu unterscheiden. Die meisten Esser würden einen Unterschied überhaupt nicht bemerken, und auch in der Küche sieht es nicht ungewöhnlich aus. Es ist sehr mager und eine Spur dunkler als Rindfleisch. Aber in jedem Fall zarter, und gesünder ist es auch. Seine Zubereitung ist identisch mit der des vertrauten Rindes. Zum Beispiel beim Lendensteak vom Pferd.

„Pferdefleisch – ist von einem Stück Rindfleisch kaum zu unterscheiden“

Lendensteak vom Pferd

Dabei handelt es sich um nichts anderes als das, was beim Rind Filet genannt wird. Es sieht am Stück auch genauso aus und wird ebenso wie dieses in der Pfanne kurz gebraten. Man schneidet also 1 daumendicke *Scheibe* (oder 2 oder 4 – je nach Zahl der Esser) vom Fleischstrang (der vorher selbstverständlich sorgfältig pariert werden muss), *salzt* und *pfeffert* sie einseitig und legt die Scheibe mit der gewürzten Seite in die heiße Bratpfanne. Ob die vorher mit *Butterschmalz* oder *Öl* ausgestrichen worden ist, bleibt dem Stil und dem Geschmack des Kochs überlassen. Während sie an der Unterseite hellbraun wird, würzt man die noch rohe Seite ebenfalls und dreht die Scheibe nach 4 Minuten herum. Was für ein Rinderfilet gilt, muss beim Pferdefilet erst recht beachtet werden: durchgebraten wird es hart und trocken.

Lendensteak vom Pferd, Salz, Pfeffer,
Butterschmalz oder Öl, Zwiebeln, Butter, Fleischbrühe oder Madeira,
1 TL Balsamico-Essig, Nelkenpulver, Thymian
dazu: Gemüse, Kartoffeln

Also nicht länger als 8 Minuten insgesamt in der Pfanne lassen. Das gute Stück muss auf Fingerdruck nachgeben, andernfalls war es bereits zu lange in der Pfanne. Um sicher zu gehen, schneide ich eine Ecke vom Filet ab, und je nachdem, wie roh es innen aussieht, lege ich die Fleischscheiben entweder sofort auf die Teller oder lasse sie abseits vom Feuer noch 10 Minuten in der Pfanne ruhen.

Will ich im heißen Bratfett der Pfanne noch eine Sauce zustande bringen, ist dies der richtige Zeitpunkt. Die *Fleischscheiben* müssen umgeladen werden (z. B. auf einen Teller) und werden im Backofen warm gehalten. In der Pfanne geht es nun zu wie immer, wenn eine Bratensauce entstehen soll: gehackte *Zwiebeln* einstreuen, *Butter* hinzufügen und, bevor die Zwiebeln braun werden, mit Flüssigkeit ablöschen. Das kann *Fleischbrühe* sein oder *Madeira*, gewürzt wird mit 1 TL *Balsamico-Essig*, *Nelkenpulver*, *Thymian*, *Pfeffer* und *Salz* nicht vergessen und vielleicht eine Prise von meinem jeweiligen Lieblingsgewürz. Sollte mir die Sauce zu kräftig geraten sein, bleibt immer noch die Sahne als Rettung.

Der Fleischsaft, der sich währenddessen unter den wartenden Steaks angesammelt hat, verbessert meine Sauce noch ein wenig, und dann wird serviert. *Gemüse* und *Kartoffeln* warten bereits. Mit einem Wort: Es geht zu wie immer beim Braten eines Filets. Dass es diesmal

nicht vom Rind stammt, sondern vom Pferd, kann mein Geheimnis bleiben, wenn es denn sein muss.

Paprikagulasch vom Fohlen

Die Bezeichnung Fohlen soll darauf aufmerksam machen, dass es bei Pferdefleisch die gleiche Unterscheidung gibt wie zwischen Rind und Kalb. Nur ist der Unterschied hier kaum sichtbar; Fohlen werden offenbar nicht so jung geschlachtet wie Kälber. Auch in der Konsistenz ist der Unterschied nicht so groß, beim Geschmack ist er kaum wahrnehmbar. Die Garzeit ist eventuell kürzer, und theoretisch müsste Fohlenfleisch zarter sein als das eines ausgewachsenen Pferdes.

Deshalb ist dieses Rezept genauso gut für Mutter Pferd geeignet wie für den Filius. Und die Art seiner Zubereitung unterscheidet sich wieder einmal überhaupt nicht vom Rindergulasch. Wenn es ein Problem gibt, dann betrifft es die Fleischqualität.

Von einem gut abgehangenen Stück der Hüfte kann man theoretisch gar kein Gulasch kochen. Denn das Fleisch ist fast so zart wie ein Stück Filet. Das zwei Stunden lang kochen, wie es beim Gulasch normal ist, würde eine zarte Fohlenhüfte ruinieren. Die Fleischwürfel würden im Bräter auf dem Herd bereits nach weniger als 10 Minuten gar, nämlich zart und saftig wie vom Filet. Lasse ich sie jedoch lange im Ofen schmoren, werden sie fest und trocken. Nicht zäh und faserig, wie das bei einem Ochsen passiert. Aber sie verlieren Saft und schrumpfen entsprechend. Also ist es ratsam, ein weniger kostbares Stück zu kaufen, wenn das Resultat ein sämiges und zartes Gulasch werden soll. (Wie ein Gulasch gekocht wird, setze ich als bekannt voraus bei Lesern, die sich für Innereien interessieren.)

Froschschenkel

Zu den Produkten, deren Erwähnung beim deutschen Konsumenten den Blutdruck in die Höhe schnellen lässt, gehören Froschschenkel.

Solange ihre biologische Aufzucht in Asien zweifelhaft ist, sollte ein Feinschmecker darauf achten, dass ihre Herkunft mit seinen Qualitätsansprüchen übereinstimmt. Das heißt, sie wurden in den sumpfigen Regionen Mitteleuropas gefangen und in frisch geschlachtetem Zustand zum Verkauf gebracht.

Traditionsgemäß kommen nur die Schenkel in den Handel. Sie sind dann bereits enthäutet und stecken auf Spießen. Wer sie grillen möchte, hat von nun an kaum noch Arbeit. Sie werden geölt, gewürzt und auf den heißen Grill gelegt.

Es gibt aber auch Liebhaber dieser Amphibien, die mögen sie lieber ohne Brandschäden und vor allem ohne Knochen. Deshalb machen sie sich etwas Mühe und servieren gebratene Froschschenkel.

„Froschschenkel – lassen den Blutdruck der Konsumenten in die Höhe schnellen“

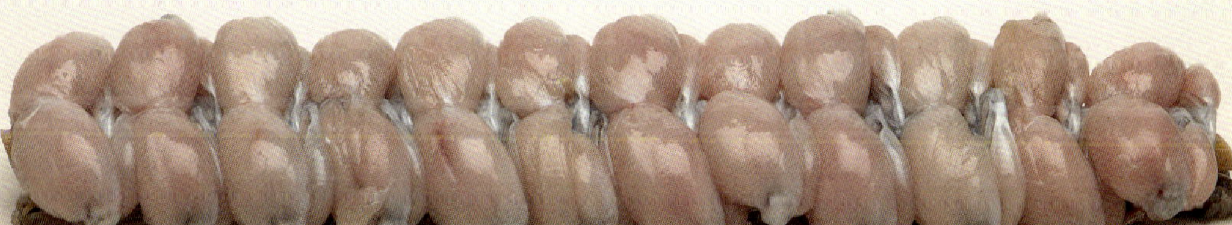

Gebratene Froschschenkeln

Dazu werden die *Schenkel* vom Spieß gestreift. Dabei merkt auch ein Laie, dass er zur Küchenschere greifen muss, denn die Finger sind zu dünn, als dass er sie auf dem Teller haben möchte. Sodann gibt es ein plattes und kurzes Stück Knochen vom Rückgrat, das ebenfalls entfernt wird.

Froschschenkel (6 Paar pro Person),
Salz, Mehl, Butter, Schalotten, Knoblauch,
1/2 l Riesling, Petersilie

Mit der Schere werden sämtliche Unterschenkel abgetrennt. An ihnen hängt nicht viel Fleisch, aber die kleinen Waden schabe ich mit einem Messer ab und lege sie beiseite.

Ich rechne mit 6 Paar *Schenkel* pro Esser. Die werden vorsichtig *gesalzen* und anschließend *gemehlt*. In einer schweren Pfanne zerlasse ich jetzt eine großzügig bemessene Portion *Butter*, in der ich die *Froschschenkel* so heiß wie möglich anbrate, ohne dass die Butter verbrennt. Nach insgesamt nur 5 Minuten und mehrfachem Wenden sollten sie schön braun sein. In der letzten Minute füge ich das Fleisch von den Unterschenkeln dazu. Dann platziere ich alles geschwind auf einen großen Teller und richte in der Pfanne die übliche Sparsauce an: klein geschnittene *Schalotten* und dünn gehobelte *Knoblauchscheiben* werden angeschwitzt und mit 1 Glas *Riesling* abgelöscht. Dann frische *Butter* dazu und über die Froschschenkel gießen. Abschließend mit fein gehackter *Petersilie* bestreuen.

Die solchermaßen gebratenen Schenkel isst man mit den Fingern, weshalb Fingerschalen auf dem Tisch stehen müssen. In der feinen Gastronomie, vor allem bei anderen Zubereitungsarten (Suppen, Gratins, Soufflés), wird das Fleisch vollständig von den Knöchelchen geschabt, bevor es weiter verarbeitet wird.

Nicht nur beim Braten ist es wichtig, dass das Fleisch nicht faserig und zäh wird, was bei Froschschenkeln ebenso schnell passiert wie beispielsweise bei Jakobsmuscheln. Also auf sehr kurze Garzeiten achten!

Andouillette

Die Andouillette ist eine Wurst im Schweinedarm, gefüllt mit – Schweinedarm. Sie ist in Deutschland unbekannt. Wer sie probieren will, muss sie in Frankreich kaufen. Dort gibt es sie praktisch bei jedem Metzger. Hergestellt wird sie jedoch in kleinen und größeren Betrieben, wodurch das Hauptproblem dieser Spezialität von der Handarbeit auf die Serienfabrikation verlagert wird – zum Vorteil des Verbrauchers. Denn die Andouillette hat tatsächlich ein Problem: Sie kann gotteserbärmlich stinken, wenn sie nicht sachgemäß hergestellt, das heißt, nur schlampig gesäubert wird. Im vorigen Jahrhundert war das noch häufig der Fall, und ich erinnere mich an jedes einzelne Mal, als ich eine schlecht gewaschene Darmwurst auf dem Teller hatte.

Andouillettes (1 pro Person), Butter,
Schalotten (1 gehäufter TL pro Person), trockener Weißwein,
Salz, Pfeffer, 2–4 TL scharfer Senf, Zitronensaft, Sahne

Trotz der Gefahr, Ekel zu erregen, ist die Andouillette bei französischen Feinschmeckern sehr populär. In Paris gibt es eine Vereinigung, die nur zu dem Zweck gegründet wurde, die authentische und einzig richtige Zubereitung der Andouillette zu propagieren und zu überwachen. Auch wenn dieser Club einen eher spaßigen Zuschnitt hat, ist es den Mitgliedern mit ihrem Engagement ernst. Daraus geht hervor, dass sie für nicht wenige Gourmets ein Kultobjekt ist, und auch, dass sie ganz offensichtlich nicht überall „authentisch und auf die einzig richtige Art" zubereitet wird: nicht gründlich gewaschen, und der Inhalt verrät aufs Deutlichste seine Herkunft. Das jedoch nicht schon im Laden, sondern erst in der Pfanne, im Topf.

Da die ungenügende Beseitigung der Herkunftsmerkmale nicht selten vorkommt, und da ich in vielen ländlichen Kneipen erlebt habe, wie ziemlich übel riechende Würste von den Gästen nicht nur widerspruchslos, sondern offensichtlich mit Genuss gegessen wurden, wird es wohl so sein, dass über den authentischen Geschmack einer Andouillette verschiedene Auffassungen existieren. Manche mögen's eben penetrant. – Dies zur Warnung, damit sich niemand beschwert, wenn er sich nach dem ersten Schnitt in eine Andouillette einem Gasangriff durch Außerirdische ausgesetzt glaubt.

Ursprünglich stammt die Darmwurst aus der Region Lyon (Reynon) und dem Beaujolais (Besson). Auch die als Andouillettes de

Troyes in ganz Frankreich angebotenen Darmwürste sind immer gut; wahrscheinlich stammen sie von ein und demselben Großproduzenten. Meistens sind sie in Folie eingeschweißt und halten sich entsprechend lange. Es gibt sie auch als Zwölferpackung in Gelee. Ebenfalls beliebt sind panierte Andouillettes, welche in der Pfanne oder in Öl gebraten werden. Gegen diese Technik spricht meine Erfahrung, dass eine Andouillette am besten schmeckt, wenn sie in Weißwein gedünstet wird. Das geht so:

Pro Person brauche ich eine *Andouillette*. Sie ist ungefähr 15 cm lang und 4 cm dick. Ihr Anblick kann eine Klosterschwester in Panik versetzen.

In einer Pfanne lasse ich reichlich *Butter* heiß werden. Darin werden die Würste von allen Seiten sehr vorsichtig angebraten, bis sie leicht gebräunt sind. Dann gebe ich (eventuell neue Butter!) sehr fein gehackte *Schalotten* dazu, pro Wurst 1 gehäufter TL. Leicht anschwitzen lassen, aber aufpassen, dass sie nicht braun werden. Und die Butter auch nicht! Mit trockenem *Weißwein* ablöschen. Dieser Wein sollte ziemlich sauer sein; erfahrene Wurstkocher können an dieser Stelle experimentieren.

Inzwischen habe ich den Backofen vorgeheizt. Die *Würste* lege ich in einen Schmortopf, der so groß ist, dass sie alle nebeneinander Platz haben. Mit dem *Weißwein* so weit auffüllen, dass nur noch das oberste Viertel der Würste aus der Flüssigkeit ragt.

Wenig *salzen*, etwas *pfeffern* und ohne Deckel in den heißen Ofen schieben. Dort müssen sie bei mäßiger Hitze ungefähr 30 bis 40 Minuten garen. Es spielt nach meiner Erfahrung keine Rolle, ob ich bereits jetzt oder beim abschließenden Saucenfinish die wichtigste Zutat hinzufüge: *Senf*. Und zwar scharfen Senf. 2–4 TL dürfen es schon sein.

Während des Garens passiert leider fast immer, was ich eigentlich vermeiden möchte: Die Andouillettes platzen. Es scheint unvermeidlich zu sein. Ich nehme an, die Därme der Schweine sind nicht mehr so dick wie früher. Natürlich habe ich die Ofenhitze so weit wie möglich heruntergeschaltet, so dass der Wein nur schwach köchelt – dennoch platzen neun von zehn. Manche zerfallen dabei völlig, andere verlieren bloß die Haut. Das ist nicht schön, ändert aber letztlich nichts am Geschmack. Die Sauce wird dadurch sogar noch besser. Erfahrene Hausfrauen wissen, dass die weißen Teile der Tiere (Bries, Kutteln, Niere, Hühnerteile usw.) fast automatisch eine gute Sauce produzieren. Diese hier ist ein Traum von einer Sauce, unvergleichbar. Ihretwegen stürze ich mich immer wieder in das Abenteuer der Darmwürste. Damit sie so werden, wie ich sie liebe, drehe ich die *Andouillettes* alle 5 Minuten in

„Andouillette – ist bei französischen Feinschmeckern sehr populär“

ihrem Schmortopf herum. So löst sich die an ihrer Oberfläche entstandene Bratkruste im Wein wieder auf. Etwas *Zitronensaft* kommt auch dazu, und sollte der Wein zu schnell verkochen, gieße ich schon mal einen Guss *Sahne* an. Denn das sind die Zutaten, die abschließend gebraucht werden: süße *Sahne*, *Senf*, *Zitrone*.

Abschmecken und immer wieder abschmecken, heißt der letzte Schritt bei der Herstellung einer hinreißenden Sauce. Wenn ich dann den Löffel zufrieden aus der Hand lege und die Pfanne vom Feuer ziehe, ist mir gelungen, was für den Hobbykoch einer der schönsten Momente in seiner Küche ist: Durch seine Arbeit hat Genuss sich materialisiert.

Aalragout mit Speck und Champignons

Es könnte sein, dass Günter Grass mit der „Blechtrommel" deutschen Essern den Appetit auf Aale verdorben hat. Dieser köstliche Fisch ist seit seiner Beschreibung der kaschubischen Fangmethode von unseren Speisekarten verschwunden. Keiner bedauert das mehr als ich, denn Aal gehört zu meinen Lieblingsgerichten. Dass Aale im Privathaushalt nicht gerne gesehen werden, muss aber nicht am Pferdekopf liegen. Sie haben auch eine Eigenschaft, die bei zarten Gemütern tatsächlich Schrecken auslösen kann: Wenn sie bereits kopflos, abgezogen und ausgenommen auf dem Küchentisch liegen, kann es vorkommen, dass sich die toten Fische noch grässlich bewegen, wenn man sie in Stücke schneidet. Daran sind die Nerven schuld, die bei frisch geschlachteten Exemplaren noch aktiv sein können.

1 m langer, enthäuteter Aal, 1 Teetasse gewürfelter Schinkenspeck,
1 Teetasse gewürfelte Schalotten, 1 Teetasse gewürfelte Champignons,
Olivenöl, Chili, Pfeffer, Meersalz, Balsamico-Essig (vom Apfel),
trockener Rotwein, 2 TL Tomatenmark
dazu: Salzkartoffeln (Bamberger Hörnle oder La Ratte)

Meine bevorzugte Aal-Version stammt aus der Tourraine, wo ich sie vor vielen Jahren kennen gelernt habe. Ihre Hauptmerkmale sind Räucherspeck und die Tatsache, dass zu dieser „Matelot d'anguille" auch ein mittelmäßiger Rotwein schmeckt wie ein Weltrekordler.

Angenommen, ein Wohltäter schenkt mir einen Aal. Der ist nicht teurer als andere Fische, wohl aber seltener. Deshalb ist jeder, der ihn mir zu Füßen legt, ein Gönner, ein Mäzen und Menschenfreund. Der *Aal* ist mindestens 1 m lang und bereits enthäutet. Er ist von mittlerer Größe, also kein fettes Schwergewicht und kein magerer Jüngling. Den Kopf und die dünne Schwanzspitze schneide ich weg und den sauber parierten Fisch in 3 cm dicke Stücke. Er hat nur ein Rückgrat und keine Gräten, wäre also der ideale Leckerbissen für alle Angsthasen, die sich vor Fischgräten fürchten.

Auf dem Küchentisch liegen nun 2 Handvoll Aalstücke. Ich schneide jetzt 1 Teetasse voll *Schinkenspeck* in Würfel; habe ich nur geräucherten Bauchspeck, schneide ich sorgfältig alle Knorpel heraus. Die *Speck-*

stücke lasse ich in einer Kasserolle in wenig *Olivenöl* so langsam anbraten, dass sie auf keinen Fall schwarz und knusprig werden.

Die gleiche Menge gewürfelte *Schalotten* kommt ebenfalls in den Topf und dann (abermals 1 Teetasse) gewürfelte *Champignons*. Die wurden vorher sorgfältig mit Küchenkrepp abgerieben und ihrer Stiele beraubt. Diese schönen Zutaten lasse ich wenige Minuten braten. Dann gehe ich mit der Chilimühle darüber – kann auch 1 zermörserte *Chili* sein – und salze mit *Meersalz*. Auf diesen vielversprechenden Unterbau lege ich nun die *Aalstücke* und gieße so viel trockenen *Rotwein* in den Topf, dass sein Inhalt knapp bedeckt ist. Hinzu kommt noch ein Guss *Balsamico-Essig*, vorzugsweise vom Apfel, sowie 2 TL *Tomatenmark*.

Das alles muss jetzt kräftig durchkochen, damit der Alkohol verschwindet, und dann wird abgeschmeckt: Entweder ich reiße mir entzückt den Turban vom Kopf oder ich verfluche Athena, die mir die Pfefferhand zu zaghaft geführt hat. Eigentlich muss es schon jetzt so schmecken, dass mir die Zähne erwartungsvoll klappern. Dann lege ich den Deckel drauf und lasse mein Aalragout noch wenige Minuten köcheln. In dieser Zeit wird der Wein mit den Säften der Pilze und der Schalotten etwas einkochen, was seine Konsistenz verdickt und seinen Geschmack konzentriert. Der wird vom *Pfeffer* (*Chili*), vom *Wein* und vom *Balsamico* zu einer Sauce aufgebaut, die ihresgleichen im Reich der Küche nicht hat. Die Aalstücke sind nach insgesamt 20 bis 40 Minuten gar (im Gegensatz zu anderen Fischen werden sie auch bei überlanger Kochzeit nie trocken!), ihr Fleisch lässt sich ohne Schwierigkeiten vom Rückgrat lösen. Es ist butterweich und seine Delikatesse sollte genügen, den Fluch des Blechtrommlers rückgängig zu machen. Dazu gibt es *Salzkartoffeln* der Sorten Bamberger Hörnle oder La Ratte.

Aal grün

Diese eher brave Version war in Deutschland die populärste. Das lag wohl an den vielen grünen Kräutern, welche fein gehackt über die bratenden Aalstücke gestreut werden.

Aal, trockener Weißwein, grüne Kräuter
(Petersilie, Dill, Boretsch, Basilikum, Maggikraut), Sahne,
Zitronensaft, weißer Pfeffer, Meersalz, evtl. Knoblauch
dazu: halbmehlige Kartoffeln

Und das ist schon das ganze Rezept: *Aalstücke* in der Pfanne braten, mit trockenem *Weißwein* ablöschen und dick mit gehackten *Kräutern* bestreuen. Verwenden kann man alles, was grün ist. Vorzugsweise wird es *Petersilie* sein, aber auch *Dill*, *Boretsch*, *Basilikum* und *Maggikraut* eignen sich. Denn hier werden die in der deutschen Küche so beliebten Kräuterorgien als das entlarvt, was sie wirklich sind: überflüssige Dekorationen. Schmeckt man genau hin, wird man feststellen, dass das Grünzeug überhaupt kein dezidiertes Aroma ans Essen bringt. Würde man Grashalme fein hacken, wäre das Resultat nicht anders.

Aber wir haben nun einmal eine „Kräuterküche", und so soll es auch bleiben. An irgendetwas Schönes muss man sich schließlich halten können, wenn es um unsere Identität geht. Hier beim Aalragout, wo sonst keine auffälligen Effekte Aufsehen erregen, ist die grüne Beigabe durchaus angebracht. Man kann sie auf einmal während des Bratens in die Pfanne werfen oder eine Portion beim Braten, eine zweite nach dem Ablöschen und eine dritte beim abschließenden Einkochen. Denn eine weitere Zutat kommt hinzu, für die die grünen Partikel ursprünglich gedacht sind: *Sahne*. Natürlich auch noch einige Tropfen *Zitronensaft*, aber der dient abschließend zum endgültigen Würzen des Ragouts wie auch weißer *Pfeffer* und *Meersalz*.

Die dabei entstehende Sauce ist wirklich sehr lecker. Doch man sollte der Versuchung widerstehen, ihre fast monochrome Erscheinung durch rote Farbtupfer zu „verschönern". Weder Tomaten noch Paprika passen dazu, allenfalls gehobelte *Knoblauchspäne*; aber die sieht man nicht. Um so größer ist der Lustgewinn, wenn ich dazu die richtige *Kartoffelsorte* gewählt habe, nämlich halbmehlige. Vom richtigen Wein ganz zu schweigen.

„Aal – gehört zu meinen Lieblingsgerichten“

Kalmare

Im Allgemeinen nennt man sie Tintenfische. Sie sind aber keine Fische. Als panierte und frittierte Ringe, werden sie von fast allen Essern akzeptiert, auch wenn sie die Konsistenz von Gummi haben. Aber sie gehören zur italienischen Küche, und da sie oft mit Salat kombiniert werden, haben sie die Herzen der deutschen Esser gewonnen.

Kalmare, Zitronensaft, Olivenöl, Meersalz,
Pfeffer, 1 Chilischote, evtl. Safranfäden, evtl. Safranpulver,
evtl. Rosinen, evtl. Schnecken
dazu: Spaghettini oder weiße Bohnen

Bei deutschen Amateurköchen sieht die Sache schon anders aus. Denn wenn diese Meeresbewohner in den Mittelmeerländern auf dem Fischstand herumliegen, graust sich so manche Hausfrau vor den schlabberigen Ungeheuern, auch wenn diese nur handtellergroß sind. Tatsächlich ist der erste Arbeitsgang nicht sehr erfreulich. Wie soll ich aus diesem Ungeheuer ein appetitliches Produkt herstellen? Der Korpus sieht aus wie ein schmuddeliges Brillenetui, aus dem die Innereien heraushängen. Bei diesen handelt es sich um die Tentakel, Kopf und Auge des Kraken. Die reißt man unter fließendem Wasser kurzentschlossen vollständig heraus. Dann wird vom Korpus die sehr dünne, meistens bläuliche Haut abgezogen. Im Inneren des Etuis sitzen noch zwei flache, dünne und fast durchsichtige Chitinspäne, auch die lassen sich leicht herausziehen. Jetzt ist das Etui gleichmäßig weiß und kochfertig.

Dieses weiße Fleisch kann man beim Fischhändler auch fertig geputzt kaufen, um es zu Hause in die bekannten Ringe zu schneiden und sie anschließend zu frittieren. Das entspricht den einzelnen Hühnerbrüsten, die man auch beim Metzger kaufen kann.

Wenden wir uns also den Tentakeln zu. Sogar unter einem Vergrößerungsglas sehen sie nicht so unheimlich aus, wie die Saugarme eines großen Pulpos. Eher gleichen sie einem frisch gepflückten Edelweiß. Aber sie sind tückisch! Denn je größer sie sind, um so länger dauert es, sie weich zu kriegen. Von den großen Pulpos, die einem menschenfressenden Meeresungeheuer tatsächlich ähnlicher sind als die zierlichen Kalmare, benutzt man nur die Saugarme. Die sind etwa daumendick und werden in Stücke geschnitten, bevor man sie weich brät oder dünstet oder kocht.

Ein Kalmar verhält sich zu einem Pulpo wie eine Wachtel zu einer Gans. Trotzdem muss man seine kleinen „Edelweiße“ nicht essen mögen. Man kann sich die Arbeit des Waschens sparen und sie gleich in den Müll werfen. Ihre Konsistenz ist anders als der restliche *Kalmar*, knackiger und auf keinen Fall so weich oder gleichmäßig wie die weißen Ringe oder Stücke, in die ich den Kalmar zerlege.

Alles zusammen mariniere ich mit viel *Zitronensaft* und *Olivenöl* 1/2 Stunde. Dann erhitze ich eine passende Pfanne und gieße die weißen Stücke mitsamt ihrer Marinade in die Pfanne. Es zischt ganz furchtbar und signalisiert mir, dass man diese nassen Stücke nicht anbraten kann. Wohl aber dünsten; das bekommt ihnen auch viel besser. Während in der Pfanne noch die Elemente toben, streue ich *Meersalz* ein und pfeffere die Kalmare mit 1 gemörserten *Chilischote*. In Verbindung mit dem Zitronensaft dürfte das für eine Grundversion genügen. Wenn ich in spendabler Laune bin, streue ich einige *Safranfäden* und etwas *-pulver* dazu. Damit bin ich auf dem Weg zur Verfeinerung und muss sehen, wie ich aus dieser Kochkunstfalle wieder herauskomme. (Indem ich meine Kreativität übertreibe und völlig verrückt spiele. Mit *Rosinen*, zum Beispiel. Oder *Schnecken*; oder sonst was.)

Normalerweise schrecke ich vor diesem letzten Schritt zurück und serviere die Kalmare – welche in jedem Fall kräftig gewürzt sein sollten – mit dünnen Nudeln (*Spaghettini*) oder *weißen Bohnen*. Die natürlich längst fertig sein müssen.

„Kalmar – nicht wieder zu erkennen, wenn er in Ringe geschnitten und frittiert ist“

Austern

Der Auster geht es wie der Gänseleber. Sie ist in Frankreich allgemein als Delikatesse anerkannt, wird bei uns aber von den meisten Menschen mit Abscheu abgelehnt. Dabei ist nicht einmal Ideologie im Spiel. Sie wird roh gegessen, und das genügt ungebildeten Essern, um sich vor der Meeresfrucht zu ekeln. Das sind die gleichen Leute, die ein Tatar mit Genuss verzehren, sogar wenn es mit einem rohen Ei vermischt wurde. Vielleicht werden Austern durch die japanische Küche etwas populärer, in der, wie inzwischen jeder weiß, rohe Fische (Sashimi) zu den herausragenden Delikatessen gehören.

Wie man etwas Rohes, das einem auf einem Teller vorgesetzt wird, isst, müsste eigentlich nicht extra beschrieben werden, zumal Austern in einer Strandbude nicht anders serviert werden als im Nobelrestaurant. Die Muschel ist bereits geöffnet, die Auster liegt grünlich-glibberig vor einem. Mit Hilfe einer Austerngabel nimmt man sie aus der Schale, steckt sie in den Mund und schluckt sie herunter. Beim ersten Mal ist das zweifellos ungewohnt; denn man schmeckt etwas Ungewöhnliches: Meer pur.

Die meisten Austernfreunde geben in jedes Exemplar 1 oder 2 Tropfen Zitronensaft. Dagegen ist nichts zu sagen. Fragwürdig wird das Bekenntnis zur Auster, wenn man sie mit gehackten Zwiebeln belegt und vielleicht noch unter Ketchup begräbt. Diese barbarische Sitte kann man in den USA überall beobachten, weil Ketchupbesitz nicht strafbar ist. Dafür sorgt die mächtige Kunstsaucenlobby.

„Auster – Meer pur“

Überbackene Austern und Suppen

Austern müssen nicht unbedingt roh gegessen werden. Dort, wo sie täglich auf den Tisch kommen, nämlich an den betreffenden Meeresküsten, existieren viele Rezepte für Austernsuppen. Aber die ähneln sich sehr, weil sie nämlich alle damit beginnen, dass der Saft, in der die geöffnete *Auster* liegt, durchgesiebt und sorgfältig aufgefangen wird. Er ist sozusagen die Basis aller Austernsuppen.

16 Austern, 4 kleine Winterschalotten,
salzige Butter, 8 EL Crème fraîche, Cayenne, Curry,
Zitronensaft, Meersalz

Zunächst werden (bei 16 Austern) 4 kleine, harte *Winterschalotten* (Echalotte gris) sehr fein gehackt und zusammen mit 1 EL salziger *Butter* sowie dem Austernsaft auf kleinem Feuer langsam und sorgfältig um die Hälfte eingekocht. Nun wird das Konzentrat mit 8 EL *Crème fraîche* verrührt. Dazu kommen noch 1 Prise *Cayenne*, 1 TL *Curry*, und während der Grill im Ofen eingeschaltet ist und glühend heiß wird, soll die Reduktion auf dem Herd leicht köchelnd in Bewegung gehalten werden, wobei sie weiter reduzieren kann. Dann platziert man die nackten *Austern* auf einen feuerfesten Teller, gibt einige Tropfen *Zitrone* darüber und begießt sie mit der sahnigen Reduktion. Darüber etwas *Meersalz* streuen und für nur 10 Sekunden unter den Grill schieben. Fertig.

Dieses Rezept wird regional in verschiedenen Variationen zubereitet. Manche Köche erweitern die Schalottenmenge um Gemüsejulienne, manche erhöhen die Buttermenge erheblich, andere gießen Süßwein an. Immer aber beginnt so eine Suppe, indem man den Saft der Austern auffängt.

Schnecken

Im Elsass und in Burgund habe ich die Beobachtung gemacht, dass Schnecken auch von deutschen Touristen ohne großes Geschrei gegessen werden. Dabei ist es egal, ob sie in ihren Häusern stecken und in Knoblauchbutter schwimmen oder ob sie ohne ihr Mobile Home auf speziellen Schneckentellern liegen (wo sie ebenfalls in Knoblauchbutter schwimmen). Es ist also nicht das auf die Größe einer Haselnuss zusammengeschnurrte dunkle Fleischstückchen, das auf viele Menschen abschreckend wirkt, sondern die lebende Schnecke, die nach einer regenreichen Nacht zielstrebig durch den nassen Garten kriecht. Für mich sehen sie immer ganz niedlich aus, denn sie sind sauber und essbar. Erst in ihrer nächsten Metamorphose auf dem Weg zum Kochtopf wird es auch für mich schwierig, an ein selbst zubereitetes Schneckengericht zu denken. Denn nach dem obersten Prinzip der Schneckenköche müssen die verwendeten Produkte frisch sein. Im Fall der Schnecken bedeutet das: lebend.

Da Schnecken gezüchtet werden, sind wir nicht mehr auf einen regennassen Garten angewiesen. Aber egal, wo sie herstammen, die Gastropoden müssen erst einmal zwei Tage fasten. Dazu sperrt man sie in einen großen Karton oder Eimer, wo sie sich entleeren können. Das tun sie auch mit einer Intensität, welche die weitere Verarbeitung nicht sehr angenehm macht. Ich habe es einmal versucht, aber danach nie wieder.

Heute kaufe ich Schnecken vorgekocht im Glas vom Züchter. Meistens sind es die hellgrauen Weinbergschnecken, die sind am größten. Dann sind sie praktisch bereits essbar. Allerdings völlig ohne Geschmack. (Die Gemüsebrühe, in der sie liegen, benutze ich nicht. Sie hat auch keinen Geschmack.) Das Aroma verpasse ich ihnen, während ich sie erhitze und sie während dieses Prozesses würze.

Das Essen von Schnecken ist eine Tradition in allen Kulturvölkern. Und zwar Schnecken jeder Sorte; nicht nur die hübschen Weinbergschnecken mit ihren Datschas auf dem Buckel. Auch die scheußlichen Nacktschnecken sind essbar, ebenso die sehr kleinen Gemüseschnecken. In Frankreich essen die Gourmets am liebsten die kleineren Petit gris. An den bretonischen Küsten sind Meeresschnecken obligatorisch als Spezialität der Region. Und wer je in der Bretagne oder in der Normandie ein Plat de fruits de mer bestellt hat, weiß von der Essbarkeit der großen und oft zähen Wellhornschnecke, der winzigen Bigornaux oder der Furcht einflößenden Stachelschnecke. Diese leben

„Schnecken im Sud – sind praktisch bereits essbar“

alle im Meer, weshalb sie nur in den Küchen der Küstengebiete eine Rolle spielen. Es handelt sich fast immer um Vorderkiemer, wie die Zoologen sie nennen, im Gegensatz zu Lungenschnecken (und noch ein paar anderen Abarten). Jede Schneckenart ist essbar. Das wussten schon die alten Griechen, und es wirft die Frage auf: Warum soll man dieses Getier überhaupt essen? Was ist dran an den kleinen Fleischkugeln? (Im Mittelalter wurde sie den Fischen zugerechnet und waren als Fastenspeise zugelassen.)

Die Antwort ist einfach. Ihre Konsistenz bewirkt im Mund den gleichen Effekt wie ein Hühnerherz, wie die Bäckchen vom Seeteufel, wie ein Pfifferling. Und je nachdem, wie man sie würzt, haben sie auch einen Geschmack, der zu dem des Hauptprodukts interessant kontrastiert. Also wird man sie eigentlich immer einem Stück Fleisch oder Fisch beilegen. Man kann sie auch wie Oliven als würzige Ergänzung bei Paella und Pizza einsetzen; als Bestandteil einer Spaghettisauce sind sie delikat und haben ihre Berechtigung in Ravioli und Blätterteigtaschen. Im Badischen gehört die Schneckensuppe zur kulinarischen Tradition. Diese Vielseitigkeit macht sie für uns interessant und sollte helfen, unsere Vorurteile zu überwinden.

Bei dem folgenden Gericht werden Schnecken zunächst einmal halbiert.

Safranrisotto mit Schnecken

Fortgeschrittene Amateurköche wissen, dass ein Risotto aus italienischem *Rundkornreis* (vorzugsweise Carnaroli) nicht allein gelassen werden darf, wenn er erst einmal im Topf auf starkem Feuer kochend gerührt wird. Deshalb müssen alle Arbeitsgänge, die nichts mit dem Reiskochen zu tun haben, im Voraus erledigt werden. Das gilt auch für die Zubereitung der *Schnecken*. Also werden sie als Erste in wenig

Bouillon erhitzt, bei welcher Gelegenheit ich sie geschmacklich auf das finale Resultat vorbereite.

Und schon habe ich ein Problem am Hals. Wie müssen Schnecken denn schmecken, wenn sie schließlich unter einen Safranrisotto gemischt werden? *Zitrone* fällt mir als Erstes ein, das ist nie ganz falsch. Auch *Knoblauch* passt bei Schnecken immer. Aber sonst?

Weinbergschnecken, ital. Rundkornreis (vorzugsweise Carnaroli), klare Bouillon, Zitrone, Knoblauch, Schinken oder geriebene Nüsse oder Kürbiskernöl oder Anisschnaps (Pernod, Ricard, Raki o. ä.), evtl. 2–3 EL geriebener Parmesan, Butter

Die Lösung findet jeder halbwegs erfahrene Hobbykoch, wenn er seinen Finger in die Schneckenbrühe taucht und ihn ableckt. Er weiß sofort, dass da etwas fehlt, und er weiß auch, was. Seine Entdeckung richtet sich, wie so oft, nach seiner persönlichen Vorliebe und seinem aktuellen Geisteszustand. Wie dieser auch beschaffen sein mag, und wie merkwürdig seine Vorlieben auch sein mögen – hier hat er immer recht. Also *Schinken*, wenn ihm nach Schinken zumute ist, oder geriebene *Nüsse* oder *Kürbiskernöl*: Das Resultat wird ihn erfreuen, weil er allein es komponiert hat. (Aus dem gleichen Grund bleiben in vielen Restaurants missratene Gerichte auf der Speisekarte: Der Chef hat sie erfunden.)

Nehmen wir beispielsweise an, unser Küchenmeister hat sich für *Anisschnaps* entschieden (Pernod, Ricard, Raki o. ä.). Also einige Tropfen auf die Schnecken und bereitstellen. Nun den *Risotto* mit den *Safranfäden* stark kochend rührend und immer wieder etwas *Bouillon* dazugießen. Abschmecken.

Hat der Risotto den richtigen Zustand erreicht, ist er dreiviertel gar, das heißt, die Körner besitzen innen noch einen bissfesten Kern. Jetzt rühre ich die *Schnecken* unter den *Reis*. Soll er ein sättigendes Gericht sein, werde ich noch 2 bis 3 EL geriebenen *Parmesan* unterrühren. Nie aber verzichte ich zum Schluss auf den EL frische *Butter*, die jeden Risotto geschmeidig macht, ob mit oder ohne Schnecken.

„Weinbergschnecken – ihre Vielseitigkeit macht sie interessant“

Pastinaken

Dieses Gemüse ist in unseren Küchen so fremd wie die Kokosnuss. Dabei ist es nicht exotisch, sondern wächst in unseren kargen Gärten. Als ich es zum ersten Mal aß, war ich ziemlich konsterniert. Das war in Cork, Irland, wo ich ein Filmfestival besuchte. Ich weiß nicht mehr, was ich in dem Restaurant bestellt hatte, als die freundliche Kellnerin den Teller vor mir abstellte. In Cork waren alle Leute freundlich. Familienväter vernachlässigten ihre Familien, um uns Fremdlinge zu umsorgen, und Kellnerinnen gaben liebreizend Auskunft, wenn sie wie in meinem Fall gefragt wurden: „Und was ist das, bitte schön?" Ich zeigte dabei auf ein Pfännchen mit einem weißlichen Püree, das neben meinem Teller deponiert wurde. Die Antwort habe ich noch heute im Ohr: „It's parsnips, darling!"

Pastinaken, Butter, Salz, Äpfel, Ingwer,
Quitten, Sahne, Limonensaft

Auch den Geschmack dieses Pürees habe ich nie vergessen. Er war von einer elenden Muffigkeit, in der ich die Dumpfheit gekochter Navets zu erkennen glaubte. Bis heute bin ich nicht sicher, ob ich mit dieser Einschätzung nicht die wahre Identität des Pürees erkannt hatte. Jedenfalls rangierten Parsnips von da an bei mir unter den Dingen, für die es in meiner kulinarischen Welt keinen Platz gab.

Unhabhängig von diesen Erkenntnissen meldete sich eines Tages ein Leser bei mir, der darauf hinwies, dass in der englischen Küche ein wunderbares Gemüse existiere, welches in Deutschland unter dem Namen Pastinake bekannt sei und in püriertem Zustand ganz köstlich schmecke – eben jene Parsnips.

Nun haben wir verschiedene Jahreszeiten und genießen ihre vielfältigen Produkte. Späte Obstsorten, Wild und Kohlgemüse gehören zum Herbst. Außerdem haben sich unsere Bio-Bauern einen nicht zu übersehenden Marktanteil erobert. Und bei ihnen fand ich sie jetzt, die *Pastinaken*. Sie sehen aus wie Petersilienwurzeln, die sich von Pommes und Pizza ernährt haben. Also wie aus dem Leim gegangene Wurzeln von wahrscheinlich grünen Blättern, welche aber nicht vorgezeigt werden. Außerdem sind sie billig, und trotzdem kaufen die Leute sie nicht.

Also landeten vier bleiche, spitz auslaufende, dicke Wurzeln in meiner Küche. Ich schrappte sie mit dem Sparschäler und schnitt sie in ungefähr 5 mm dicke Scheiben. Etwas dicker als Kartoffeln, die gebraten werden sollen, und so sahen sie auch aus. Wie Kartoffelscheiben.

Ich briet sie in der Pfanne. In *Butter*, aber ohne Zwiebeln und Speck, nur mit etwas *Salz*. Sie wurden erstaunlich schnell gar und erinnerten an mehlige Kartoffeln. In ihrer Mitte waren die Scheiben etwas weicher als am Rand. Und sie schmeckten süß! Mehlige, süße Bratkartoffeln. Heiliger Patrick, daraus sollte damals das muffige Püree gemacht worden sein? Sehr unwahrscheinlich.

Trotzdem probierte ich es; schnitt frische *Pastinaken* in Würfel und kochte sie mit *Apfelstücken*, *Ingwer* und *Quitten* (die Jahreszeit erlaubte es) in etwas *Sahne* gar. Dann wurde das alles mit dem Mixstab püriert, und siehe da, mit Hilfe von etwas *Limonensaft* entstand ein bleicher Brei, der vorzüglich zum Hirschragout passte, welches ich zufällig auf dem Herd hatte. Die sonst nur mit Preiselbeeren oder Pflaumen erreichte Kombination von Wild und einer süßen Fruchtigkeit, für die unsere Küche bekannt ist, entstand hier mit Hilfe eines für mich neuen Gemüses. Der Zusatz von Quitte und Apfel war logisch, weil die eigentliche Süße der Pastinaken nicht ausreicht und sowieso nicht von jener delikaten Art ist, mit der sich ein Hobbykoch zufrieden gibt.

„Pastinaken – schmecken wie mehlige, süße Kartoffeln“

Trüffel

Ich gebe zu, dass ein Trüffel in der Küche nicht verpönt ist; im Gegenteil. Dieser in der Walderde wohnende Knollenpilz ist geradezu ein Symbol für feine, extravagante und teure Küche. Wegen seines hohen Preises kann er nicht volkstümlich sein, und das allein ist der Grund dafür, dass seine Erwähnung bei vielen Essern eine schmerzhafte Grimasse zur Folge hat. (In dieser Hinsicht ähnelt er der Foie gras, die von Tierschützern längst nicht so heftig verdammt würde, wenn sie so billig wäre wie das ebenfalls gequälte Schwein und das Käfighuhn.)

Der hier abgebildete Trüffel hat das Rekordgewicht von 600 g, und das vor allem hat ihn in dieses Buch gebracht. Aber auch seine wunderbare Eigenschaft, fast jede Art von Speise durch sein Aroma gewaltig zu verbessern. Im Allgemeinen fallen darunter weißes Fleisch und Fische, aber auch Saucen verhilft so ein Trüffel zur Entfaltung einer Dimension, welche der feinen Küche vorbehalten ist.

Dazu ist jedoch nicht jeder Pilz imstande, der unter der Erde wächst und von Hunden oder Schweinen erschnüffelt werden muss. Qualitätsschwankungen sind leider normal. Da gibt es die hellbraunen Sommertrüffel, die nur dekorativen Wert haben. Sie wachsen praktisch in allen Gegenden der Erde. Die weißen Albatrüffel hingegen (die keineswegs weiß sind, sondern im Inneren hellbraun bis grau) haben das Piemont bei Gourmets berühmt gemacht. Sie wachsen nur im November und Dezember und sind irrsinnig teuer. Schwarze Trüffel finden Trüffelsucher überwiegend in der Provence und in Südwestfrankreich. Sie sind das A und O in den Küchen der besternten Restaurants. Meistens nicht größer als ein Golfball, werden sie überwiegend roh gegessen. Über eine gebutterte und gesalzene Brotscheibe gehobelt, könnten sie als Pausenbrot für Millionärskinder durchgehen. Nicht mehr roh sind sie in Suppen oder in Terrinen, wo sie meist gestiftelt oder gehackt mitgegart werden.

Bei den hier vorgestellten Innereien verbinden sie sich ideal mit Hirn vom Kalb oder vom Schwein sowie mit Kalbsbries. Eine getrüffelte Kuttelsuppe gehört zu den ganz großen Delikatessen der verpönten Küche. Und der Glückliche, dem ein Trüffelmonster, wie das hier abgebildete, ins Haus gerollt wird, sollte nicht zögern, es über alles zu hobeln, was er unter dem Messer hat.

„Trüffel – ein Symbol für die extravagante, teure Küche“

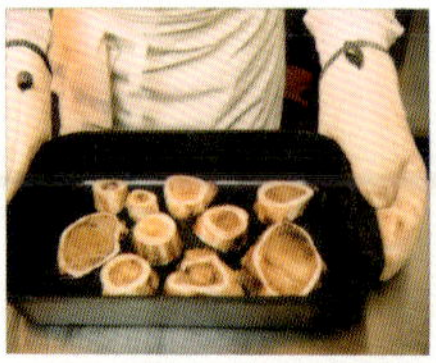

Wolfram Siebeck im Selbstgespräch

mit Polaroid-Fotos von Barbara Siebeck

Wie unterscheidet sich das Kochen von Innereien vom Kochen anderer Dinge? Erheblich oder gar nicht?

Das hängt von der Köchin ab. Isst sie Innereien gerne, gibt es keinen Unterschied zu einem Rumpsteak oder einer Forelle. Nennt sie Innereien aber „Igittereien“, besteht die Möglichkeit, dass sich in der Küche ein Drama abspielt.

Wie sieht das aus?

Ich weiß es nicht. Ich esse Innereien ja gerne, und ihre Zubereitung macht keine Probleme; jedenfalls in meiner Küche nicht. Diese Foto-Dokumentation beweist es.

Sie beweist zuerst einmal, dass Sie beim Kochen Wein trinken. Sodann tragen Sie Küchenhandschuhe, um sich nicht die Hände am heißen Bräter zu verbrennen.
Was ein professioneller Koch nie tun würde. Man sieht Sie beim Messerschärfen, beim Abschmecken vom Holzlöffel und offenbar in Arbeitspausen, die Sie auf dem Söller Ihrer Burg verbringen, wenn nicht sogar im Garten!

Und was schließen Sie daraus?

Dass Sie die abschreckenden Bilder vom Kochen der Innereien nicht dokumentieren wollen.

Es gibt keine abschreckenden Bilder.

Aber ein rohes Schweineherz ...

... wirkt auf einen Feinschmecker nicht anders als eine rohe Möhre auf einen Freund des ungekochten Gemüses.

Nicht jeder, der ein Schnitzel braten kann, ist ein Feinschmecker!

Das ist leider wahr. Deshalb habe ich ja dieses Buch geschrieben.

Und darin ersparen Sie Ihren Lesern die blutige Wahrheit?

Sie können wohl kein Blut sehen, wie? Haben Sie als Kind nie zugesehen, wenn beim Bauern ein Schwein geschlachtet wurde? Ist Ihnen nie klar geworden, dass alles, was wir essen, unseretwegen geschlachtet wird, aus der schützenden Erde gerissen,

vom Stamm gepflückt und sonstwie daran gehindert weiter zu wachsen?

Das ändert aber nichts daran, dass es Unterschiede gibt zwischen einem toten Aal und einer Kartoffel.

Ja. Der Aal schmeckt besser.

Schon gut.
Eine Kartoffel lässt sich jedenfalls besser fotografieren, wie man sieht.

Immerhin sieht man hier auch Kalbshirn, Kutteln, Nieren und sogar Aal.

Die Sie hartnäckig als große Delikatessen bezeichnen.

Was sie ja auch sind. Auch wenn erst die Endfassung eines zum Essen bestimmten Produkts den Genuss vermittelt, den der Esser sich erhofft.
Deshalb stehe ich stundenlang in der Küche, verbrenne mir die Finger, hantiere mit gefährlich scharfen Messern und spiele Doktor Sauerbruch.

Gut, dass Sie sich nicht als
Schönheitschirurg bezeichnen.

Wäre nicht einmal falsch.
Denn die inneren Werte haben auch eine
innere Schönheit.
Um die zu erkennen und zu würdigen,
ist dieses Buch ja da.

Gestaltung und Satz:
Projekttriangle Design Studio, www.projekttriangle.com
Gesamtherstellung: Edition Braus im Wachter Verlag
Druck: Wachter GmbH, www.wachter.de

ISBN 978-3-89904-281-8

www.editionbraus.de